cook it

Garen im Dampf

cook it
Garen im Dampf

Dorling Kindersley

Inhalt

Anmerkung

In diesem Buch finden Sie auch Rezepte mit etwas ausgefalleneren Zutaten. Diese Zutaten bekommen Sie größtenteils im Asien- oder Orientladen. Eine gute Auswahl bieten ebenfalls gut sortierte Supermärkte, die Lebensmittelabteilungen der großen Kaufhäuser und Bio-Supermärkte. Außerdem haben sich einige Onlinehändler auf den Versand asiatischer und orientalischer Zutaten spezialisiert.

Dämpfen – was ist das?

Wie der Name schon sagt: Dämpfen bedeutet, Lebensmittel in feuchter Hitze oder in Dampf zu garen. Entweder gart das Gargut dabei in einem geschlossenen Gefäß über kochender Flüssigkeit, oder es wird umhüllt und gart dann im eigenen Saft. Wie auch immer, das Resultat ist stets saftig und zart. Außerdem bietet diese Garmethode einige gesundheitliche Vorzüge: Wesentliche Nährstoffe wie wasserlösliche Vitamine und Mineralstoffe werden nicht in eine Garflüssigkeit ausgeschwemmt und anschließend weggeschüttet, sondern bleiben erhalten. Zudem ist die Zugabe von Öl oder anderem Fett nicht unbedingt nötig, was bedeutet, dass die Gerichte fettarm, aber trotzdem hocharomatisch sind.

Dämpfen auf dem Herd

Die wohl verbreitetste Dämpfmethode ist, die Lebensmittel in einen Dämpfeinsatz oder -korb zu geben und in einem Topf oder im Wok über kochender Flüssigkeit zu garen. Diese Methode ist einfach und wirkungsvoll, aber es gibt das Eine oder Andere zu bedenken. Topf oder Wok dürfen nicht zu viel Flüssigkeit enthalten, sonst gerät diese in den Dämpfeinsatz und lässt dessen Inhalt matschig werden. Befüllen Sie Topf bzw. Wok deshalb höchstens zu zwei Dritteln. Der Dämpfeinsatz muss in das Gargeschirr passen und braucht einen passenden Deckel, damit kein Dampf entweichen kann. Falls Sie einen Wok benutzen: Er sollte auf dem Herd nicht kippeln – ein Wok mit abgeflachtem Boden ist deshalb eine gute Investition.

Üblicherweise setzt man den Dämpfeinsatz über kochendes Wasser, damit der Inhalt im heißen Dampf gart. Es gibt in Rezepten aber Ausnahmen, bei denen das Gargut bei schwächerer Hitze gegart wird, damit es saftig bleibt und nicht zäh wird.

Dämpfen ist eine sehr spezielle Garmethode, und möglicherweise dauert es länger als das übliche Garen. Solange Sie mit diesem Verfahren nicht wirklich vertraut sind, sollten Sie regelmäßig prüfen, in welchem Zustand das Gargut ist und wie viel Flüssigkeit sich noch im Topf bzw. Wok befindet.

Ein Warnhinweis ist hier angebracht: Dampf kann Verbrühungen verursachen. Verwenden Sie den Deckel des Gargeschirrs deshalb als Schutzschild, während Sie den Inhalt des Dämpfeinsatzes überprüfen. Und auch beim Herausnehmen des Garguts sollten Sie vorsichtig sein: Schalten Sie die Hitzequelle aus, und schützen Sie Ihre Hände mit einem Küchentuch oder mit Topfhandschuhen.

Dünsten

Dünsten bedeutet (ähnlich wie Dämpfen), Lebensmittel in feuchter Hitze zu garen, indem sie in sehr wenig oder in der eigenen Flüssigkeit garen. Meist wird etwas Fett hinzugefügt. Wichtig dabei ist, dass der Deckel des Topfes gut schließt, damit kein Dampf entweichen kann.

Dämpfen im Ofen

Hierbei handelt es sich um eine sehr einfache Garmethode, die fabelhafte Resultate hervorbringt. Meist werden die Zutaten eingewickelt und garen dann im eigenen Saft im Ofen. Zum Verpacken eignen sich beispielsweise Alufolie, Backpapier oder Bananenblätter. Das Einwickeln in Blätter hat zwei Vorteile: Die Päckchen sehen sehr hübsch aus, und das Gericht nimmt das dezente Aroma der Blätter an. Natürlich kann man so verpackte Lebensmittel auch auf dem Herd im Topf in einem Dämpfeinsatz über kochendem Wasser dämpfen.

Im Bratschlauch lassen sich ebenfalls Lebensmittel dämpfen. Das ist ganz einfach: Fleisch, Geflügel oder Fisch hineingeben, restliche Zutaten hinzufügen, Schlauch verschließen, alles mischen und dann ab in den Ofen.

Für besonders schonendes Dämpfen, insbesondere von Desserts, kommt oft ein Wasserbad zum Einsatz. Es schützt das Gargut vor der Hitze. Dafür braucht man nur die Back- bzw. Auflaufform oder -förmchen in das tiefe Backblech zu stellen und in das Blech so viel heißes Wasser zu gießen, dass die Form oder Förmchen halb hoch darin steht. Das Gargut wird dann mit Alufolie abgedeckt, damit darunter Dampf entstehen kann.

Dämpfhilfen

Dämpfkörbe aus Bambus sind preiswert und so hübsch, dass man das Essen darin direkt servieren kann. Es gibt sie in unterschiedlichen Größen. Achten Sie darauf, dass der Korb so auf bzw. in den Topf oder Wok passt, dass er das Wasser nicht berührt. Das Tolle an diesen Körben ist, dass man sie mit den Deckeln verschließen und aufeinanderstapeln kann. So lassen sich mehrere Komponenten einer Mahlzeit zusammen garen.

Vor dem ersten Einsatz müssen Bambuskörbe 15 Minuten in Wasser eingeweicht werden, um ihren Eigengeruch zu beseitigen. Nach dem Benutzen die Körbe in Spülmittellauge säubern und anschließend vor dem Wegräumen gründlich an der Luft trocknen lassen (insbesondere wenn stark riechende Lebensmittel darin gegart wurden), damit sie nicht schimmeln.

Statt in einem Korb kann man Lebensmittel auch in einem hitzebeständigen Gefäß dämpfen, das auf einem runden Kuchengitter in Wok oder Topf gestellt wird. Das Gitter muss so hoch sein, dass das Wasser das Gefäß nicht berührt. Marinieren Sie die Dämpfzutaten etwa 10 Minuten, z.B. in einer Mischung aus Sojasauce, Zitronenschale, Ingwer, Knoblauch und Sesamöl. Stellen Sie dann das Gefäß auf dem Gitter in Wok bzw. Topf, und decken Sie es ab. Der Dampf verdünnt die Marinade, und es bildet sich eine leichte Sauce. Damit das Gefäß beim Dämpfen nicht zerspringt, sollten Sie es vorbehandeln. Dafür das Kuchengitter in den Wok oder in einen großen Topf geben und das Gefäß daraufstellen. So viel Wasser zugeben, dass das Gefäß vollständig davon bedeckt ist. Nun den Wok bzw. den Topf mit dem Deckel verschließen, Wasser aufkochen und etwa 10 Minuten sprudelnd kochen lassen. Den Wok bzw. den Topf vom Herd nehmen und das Wasser auf Raumtemperatur abkühlen lassen. Einmal so behandelt, ist das Gefäß für immer hitzebeständig.

Dämpftöpfe aus Metall (Aluminium oder Edelstahl) bestehen aus mehreren Elementen: In das untere wird die Dämpfflüssigkeit gefüllt. Darüber wird ein genau passendes Element mit gelochtem Boden gesetzt und dieses wird mit einem fest schließenden Deckel verschlossen. Dämpftöpfe sind haltbar und leicht zu pflegen, allerdings viel teurer und lange nicht so hübsch wie Bambuskörbchen.

Elektrische Dampfgarer sind meist aus Kunststoff und haben einen Behälter für das Wasser sowie mehrere gelochte Körbe für das Gargut. Der Vorteil solcher Geräte ist, dass Sie die Zutaten hineingeben, die Zeitschaltuhr stellen und dann alles sich selbst überlassen können. Nach Ablauf der eingestellten Zeit schaltet das Gerät sich von selbst ab.

Heiße Tipps rund ums Dämpfen

Wenn Sie in Etagen dämpfen, sollte das empfindlichste Gargut (oder das mit der kürzesten Garzeit) ganz oben, das mit der längeren Garzeit ganz unten sein. Falls Sie größere Mengen eines Gerichts in mehreren Körben übereinander garen, müssen Sie die Körbe nach der Hälfte der Garzeit vertauschen, damit alles gleichmäßig gar wird. Wenn das nicht möglich ist, den Inhalt des oberen Korbes einfach etwas länger dämpfen.

Damit die Zutaten nicht am Boden des Dämpfkorbs ansetzen, sollten Sie ihn einölen oder die Zutaten auf eine Unterlage geben. Letzteres verhindert auch, dass der Geruch des Korbes sich auf die Lebensmittel überträgt. Als Unterlage eignet sich Backpapier hervorragend; es empfiehlt sich, dieses mit einem Spieß oder einer Messerspitze mehrmals einzustechen, damit der Dampf in den Korb gelangt. Auch Bananenblätter sind zum Auslegen geeignet und darüber hinaus auch noch sehr dekorativ.

Topf oder Wok zwei Drittel hoch mit kochend heißem Wasser füllen oder kaltes Wasser hineingeben und aufkochen lassen. Stellen Sie die Hitze so ein, dass das Wasser die ganze Zeit kräftig köchelt. Geben Sie nicht zu viel, aber auch auf keinen Fall zu wenig Wasser hinein. Für den Fall, dass zu viel Wasser verdampft, sollten Sie immer kochendes Wasser zum Nachfüllen zur Hand haben, damit der Garprozess nicht unterbrochen wird.

Um Dämpfflüssigkeit etwas zu aromatisieren, können Sie frische Kräuter, Gewürze, Ingwer, gehacktes Wurzelgemüse, Zitronengrasstängel, dicke Zwiebelringe, Zitronen- oder Limettenschnitze, Weißwein und vieles mehr verwenden. Die natürlichen Aromen vermischen sich mit dem Dampf und verleihen dem Gargut eine dezente Würze. Restliche Dämpfflüssigkeit können Sie abkühlen lassen, im Kühlschrank aufbewahren und für eine andere Mahlzeit verwenden.

Das Gargut immer in einer Schicht in Korb oder Dämpfeinsatz legen, damit es gleichmäßig im Dampf gart. Besonders wichtig ist das bei Fleisch, Geflügel, Fisch und Meeresfrüchten. Wenn die Lebensmittel so nicht hineinpassen, dämpfen Sie sie lieber portionsweise oder in mehreren Körben übereinander. Und noch ein Tipp: Zutaten garen gleichmäßiger, wenn sie vor dem Dämpfen in gleich große Stücke geschnitten werden. Nicht vergessen: Die Garzeit für größere Stücke ist länger.

Zutaten garen weiter, auch wenn Sie den Topf vom Herd genommen haben. Das Gargut also sofort aus dem Dämpfeinsatz nehmen, sobald es gar ist, oder direkt im Dämpfkorb servieren. Wie bei jeder anderen Garmethode sollten Fleisch und Fisch auch nach dem Dämpfen 5 Minuten ruhen. So bleiben sie saftig und lassen sich leichter tranchieren.

Bambusdämpfkörbe

Dämpfkörbe aus Bambus sind preiswert und in verschiedenen Größen erhältlich. Sie können eine ganze Reihe von Lebensmitteln darin garen und auch servieren.

Dämpftöpfe

Sie bestehen aus Edelstahl oder Aluminium, sind robust und einfach zu handhaben. Es gibt sie in unterschiedlichen Größen. Wie in Dämpfkörben kann man auch darin in Etagen garen.

Elektrischer Dampfgarer

Diese Geräte werden zunehmend beliebter. Dank der Zeitschaltuhr schalten sie sich nach Ablauf der Garzeit ganz automatisch ab.

Unterlagen

Legt man den Dämpfeinsatz aus, verhindert dies, dass das Dämpfgut am Boden des Einsatzes ansetzt. Als Unterlagen eignen sich Alufolie und Backpapier (in die Löcher gestochen werden, damit der Dampf in den Einsatz gelangen kann), aber auch Bananenblätter. In alle drei Materialien kann man Zutaten vor dem Dämpfen einwickeln, damit sie nicht austrocknen.

Vorbereitungen

Dämpfkörbe aus Bambus müssen vor dem **ersten Gebrauch** 15 Minuten in Wasser **eingeweicht** werden.

Damit das Gargut **nicht ansetzt**, den Boden des Dämpfeinsatzes mit **Backpapier** oder Bananenblatt belegen.

Den Wok oder einen Topf ein Drittel hoch mit Wasser füllen. Zu viel Wasser würde in den Einsatz gelangen und das Gericht verderben.

Damit die Lebensmittel gleichmäßig garen, sollten sie in einer Schicht im Dämpfeinsatz liegen. Größere Mengen am besten portionsweise garen.

Vorspeisen

Römersalat mit Hähnchenfüllung

Für 8 Personen

300 g **Hähnchenbrustfilet**
4 **Frühlingszwiebeln**, in dünne Ringe geschnitten
1 große Handvoll **Koriandergrün**
1 Handvoll **Minzeblätter**, in Stücke gezupft
1 reife, aber feste **Mango**, das Fruchtfleisch in dünne Stifte geschnitten
1 kleine **Salatgurke**, von den Samen befreit, in dünne Stifte geschnitten
2 EL geröstete **Erdnusskerne**
2 EL **Röstschalotten** (siehe Tipp)
2 **Römersalatherzen**, 8 schöne Außenblätter abgelöst

Dressing

1 **Knoblauchzehe**, zerdrückt
1 große **rote Chilischote**, von den Samen befreit, fein gehackt
1 **Stängel Zitronengras**, nur der helle Teil, fein gehackt
1 EL geriebener frischer **Ingwer**
2 EL **Limettensaft**
2 EL **Fischsauce**
2 TL **Zucker**

Boden des Dämpfkorbs mit Backpapier belegen. In das Papier Löcher stechen. Fleisch in einer Schicht in den Korb legen. Korb schließen und in den Wok oder in einen Topf über kochendes Wasser setzen. Das Fleisch 5–7 Minuten dämpfen, bis es durchgegart ist. Herausnehmen; auf einem Teller abkühlen lassen.

Frühlingszwiebeln, Koriander, Minze, Mango, Gurke, Erdnüsse und Röstschalotten in einer Schüssel mischen. Das Fleisch klein schneiden und untermischen.

Für das Dressing Knoblauch, Chili, Zitronengras, Ingwer, Limettensaft, Fischsauce, Zucker und 1 EL Wasser verrühren, bis der Zucker aufgelöst ist. Das Dressing zur Hähnchenmischung geben; untermischen.

Die Hähnchenmischung mit einem Esslöffel in die Salatblätter füllen. Die gefüllten Blätter sofort servieren.

Tipp **Röstschalotten gibt es im Asienladen oder in den Asienabteilungen großer Supermärkte.**

Schweinefleischklößchen in Betelblättern

Für 6–8 Personen

400g **Schweinehackfleisch**

1 gehäufter EL **rote Currypaste**

1 **Ei**, leicht verquirlt

2 **Frühlingszwiebeln**, fein gehackt

1 **Stängel Zitronengras**, nur der helle Teil, fein gehackt

2 **Knoblauchzehen**, zerdrückt

1 Stück frischer **Ingwer** (4cm), fein gehackt

1 große **rote Chilischote**, von den Samen befreit, fein gehackt

3 EL gehacktes **Koriandergrün**

100g **grüne Bohnen**, in dünne Scheiben geschnitten

1 TL **Sesamöl**

Dressing

2 EL **süße Chilisauce**

2 EL **Limettensaft**

2 EL **Fischsauce**

1 EL geriebener **Palmzucker** oder 1 EL **brauner Zucker**

Zum Anrichten

40 **Betelblätter** (siehe Tipp Seite 25)

3 EL **Röstschalotten** (siehe Tipp Seite 21)

1 Handvoll **Koriandergrün**

Aus dem Fleischteig walnussgroße Klößchen formen und diese dünn mit Sesamöl bestreichen.

Die Betelblätter auf den Portionstellern anrichten, damit sich jeder Gast selbst Päckchen machen kann.

Den Boden eines großen Dämpfkorbs mit Backpapier belegen. In das Papier Löcher stechen.

Hackfleisch, Currypaste, Ei, Frühlingszwiebeln, Zitronengras, Knoblauch, Ingwer, Chili, Koriandergrün und Bohnen in einer Schüssel zu einem Fleischteig verkneten. Mit Salz würzen. Aus dem Teig walnussgroße Klößchen formen und diese dünn mit Sesamöl bestreichen. (Sie können auch einige Tropfen Öl auf die Handflächen geben und die Klößchen dazwischen rollen; nach jeweils 3–4 Klößchen die Hände erneut einölen.)

Die Klößchen in den vorbereiteten Dämpfkorb geben. Den Korb schließen und in den Wok oder in einen Topf über kochendes Wasser setzen. Die Klößchen etwa 10 Minuten dämpfen, bis sie durchgegart sind.

Inzwischen für das Dressing die süße Chilisauce, den Limettensaft, die Fischsauce und den Zucker in eine Schüssel geben und mit dem Schneebesen verrühren, bis der Zucker sich aufgelöst hat.

Die Betelblätter auf den Portionstellern anrichten, damit jeder Gast selbst Fleischklößchen darin einpacken kann. Das funktioniert folgendermaßen: Ein Fleischklößchen auf die matte Seite eines Betelblatts setzen. Etwas Röstzwiebel und Koriander daraufgeben und das Ganze mit dem Dressing beträufen. Dazu passt bestens ein kaltes Bier.

Tipps

Betelblätter sind die kräftig grünen Blätter des Betelpfeffers. Sie haben einen dezenten und erfrischenden Geschmack, und es gibt sie bundweise im Asienladen.

Von Forschern wurde herausgefunden, dass der in Südostasien weit verbreitete Brauch, Betelblätter zu kauen, krebserregend ist. Der gelegentliche bis seltene Genuss von Betelblättern hat jedoch höchstwahrscheinlich keine negativen Auswirkungen auf die Gesundheit.

Falls Sie keine Betelblätter verwenden möchten oder keine bekommen, nehmen Sie stattdessen Wein-, Chicorée- oder Spinatblätter.

Basilikum-Lauch-Ravioli

Für 4 Personen

25 g **Butter**

1 **Lauchstange**, nur der helle Teil, längs halbiert, quer in Streifen geschnitten

200 g **Ricotta**

25 g **Parmesan**, gerieben

1 Handvoll **Basilikumblätter**, in Stücke gezupft

3 EL **Pinienkerne**, geröstet

24 runde **Gyoza-Blätter** (siehe Tipps)

Tomaten-Salsa

2 vollreife **Tomaten**

1 kleine Handvoll **Basilikumblätter**, in Stücke gezupft

2 EL **Knoblauchöl** (siehe Tipps)

Die Böden von zwei Dämpfkörben mit Backpapier belegen. In das Papier Löcher stechen. Die Butter in einer großen Pfanne bei mittlerer bis schwacher Hitze zerlassen. Den Lauch darin in 10 Minuten glasig werden lassen. In einer Schüssel abkühlen lassen. In einer zweiten Schüssel, Ricotta, Parmesan, Basilikum und Pinienkerne verrühren; mit Salz und Pfeffer abschmecken. Lauch unterrühren.

Zwölf Gyoza-Blätter auf der Arbeitsfläche ausbreiten. Auf jedes 1 gehäuften EL Ricottamischung geben, dabei einen 2 cm breiten Rand frei lassen. Die Ränder mit Wasser einpinseln und die Blätter mit einem zweiten Blatt belegen. Die Ränder fest zusammendrücken, damit die Füllung nicht herausquellen kann.

Ravioli nebeneinander in die Körbe legen; beidseitig großzügig mit Wasser bestreichen. Körbe schließen; im Wok oder Topf über kochendes Wasser setzen. Ravioli 15 Minuten dämpfen; nach 8 Minuten erneut mit Wasser bestreichen.

Für die Salsa die Tomaten unten kreuzförmig einritzen. In einer Schüssel mit kochendem Wasser begießen. 30 Sekunden ziehen lassen, dann abschrecken; häuten. Tomaten halbieren, Samen herauslöffeln. Fruchtfleisch hacken, mit Basilikum und Knoblauchöl mischen. Auf jeden Teller drei Ravioli legen; Salsa daraufgeben.

Tipps

Knoblauchöl können Sie fertig kaufen oder selber machen. Dafür etwas Olivenöl mit einigen Knoblauchscheiben erwärmen. Abkühlen lassen und durch ein Sieb gießen. Gyoza-Blätter sind Nudelteigblätter, die es im japanischen Spezialitätenladen gibt.

Hefeklößchen mit Schweinefleischfüllung

Für 12 Personen

Teig

2 EL **Zucker**

1 1/2 TL **Trockenhefe**

300 g **Mehl**

1 EL **Öl**

1/2 TL **Sesamöl**

1 1/2 TL **Backpulver**

1 TL **Öl**

250 g chinesischer **Schweinebraten** oder
Sparerib-Fleisch, fein gehackt

2 EL **Austernsauce**

2 TL **Zucker**

2 TL **chinesischer Reiswein**

1 TL **Sesamöl**

1 TL **Sojasauce**

Für den Teig 250 ml warmes Wasser in eine kleine Schüssel gießen. Den Zucker hinzufügen und durch Rühren auflösen, dann die Hefe unterrühren und das Ganze 10 Minuten ruhen lassen.

Das Mehl in eine Schüssel sieben und eine Mulde hineindrücken. Die Hefemischung und das Öl hineingießen. Alles rasch verrühren. Die Mischung auf eine dünn bemehlte Arbeitsfläche geben. 8 Minuten kneten, bis ein glatter, elastischer Teig entstanden ist. Eine große Schüssel mit dem Sesamöl ausstreichen. Den Teig hineingeben und in der Schüssel rollen, bis er ganz von Öl überzogen ist. Die Schüssel zudecken und den Teig mindestens 3 Stunden gehen lassen.

Den Teig auf die dünn bemehlte Arbeitsfläche geben und einmal kräftig daraufschlagen. Zu einem großen Kreis flach drücken. Das Backpulver auf die Mitte streuen, die Teigränder über die Mitte falten und zusammendrücken. Den Teig weitere 5 Minuten kneten. Anschließend in zwölf Portionen teilen und diese zu Kugeln formen. Die Teigkugeln mit einem feuchten Küchentuch bedecken, damit sie nicht austrocknen.

Den Wok bei starker Hitze heiß werden lassen. Das Öl hineingeben und durch Schwenken verteilen. Das Fleisch für die Füllung in den Wok geben und 30 Sekunden pfannenrühren. Austernsauce, Zucker, Reiswein, Sesamöl und Sojasauce hinzufügen; 1–2 Minuten weiterrühren. Die Füllung zum Abkühlen in eine Schüssel füllen.

Jede Teigkugel auf der bemehlten Arbeitsfläche zu einem Kreis (etwa 12 cm Ø) flach drücken. Je 1 gehäuften EL Füllung in die Mitte der Kreise geben und die Teigränder über der Füllung fest zusammendrücken. Jeden Kloß auf ein quadratisches Stück Backpapier (5 x 5 cm) setzen.

Je sechs Klöße mitsamt dem Papier in einen Dämpfkorb geben. Die Körbe schließen und in den Wok oder in einen Topf über kochendes Wasser setzen. Die Klöße 15 Minuten dämpfen. Warm servieren.

Die **Hefemischung** und das Öl zum **Mehl** gießen und alles rasch verrühren.

Je 1 gehäuften Esslöffel **Füllung** in die Mitte der Kreise geben und die Teigränder über der Füllung fest zusammendrücken.

Eierküchlein mit Zucchini, Spinat und Ziegenkäse

Für 6 Personen

5 große **Eier (**L)

175 g **Sahne**

1/2 TL geriebene **Muskatnuss**

1 EL **Olivenöl**

2 **Frühlingszwiebeln**, fein gehackt

150 g **Blattspinat**

3 EL gehackte **glatte Petersilie**

3 kleine **Zucchini**, längs halbiert, quer in dünne Scheiben geschnitten

100 g **Ziegenfrischkäse**, zerbröckelt

Petersilienblätter und **Parmesanspäne**, zum Garnieren

Den Backofen auf 180 °C vorheizen. 6 ofenfeste Förmchen (je 250 ml Inhalt) dünn fetten und die Böden mit Backpapier belegen.

Die Eier mit Sahne und Muskat sowie Salz und Pfeffer (nach Geschmack) in einer Schüssel verquirlen; beiseitestellen. Das Öl in einer großen Pfanne bei mittlerer Hitze heiß werden lassen. Die Frühlingszwiebeln darin 3 Minuten dünsten. Spinat und Petersilie hinzufügen und bei starker Hitze zusammenfallen lassen. Vom Herd nehmen und 5 Minuten abkühlen lassen.

Erst die abgekühlte Spinatmischung, dann die Zucchinischeiben unter die Eiermischung rühren. Die Eiermasse in die Muffinmulden gießen und jeweils ein Sechstel des Ziegenkäses hineingeben. Das Muffinblech in das tiefe Backblech stellen. So viel heißes Wasser in das Blech gießen, dass die Form zur Hälfte darinsteht. Das Muffinblech mit Alufolie bedecken und die Küchlein 40 Minuten dämpfen, bis die Masse gestockt ist.

Die Küchlein etwa 5 Minuten abkühlen lassen, dann mithilfe einer kleinen Palette aus dem Muffinblech heben oder auf die Arbeitsfläche stürzen. Auf Portionsteller verteilen und mit Petersilie und Parmesan garnieren.

Reisnudelrollen mit Garnelenfüllung

Für 4 Personen

Sauce

150 g **Sesampaste** (siehe Tipp Seite 37)

4 EL **helle Sojasauce**

3 EL **Limettensaft**

3 EL geriebener **Palmzucker** oder 3 EL **Zucker**

1 EL **Sesamöl**

2 EL **Erdnussöl**

1 TL **Sesamöl**

4 **Knoblauchzehen**, fein gewürfelt

5 **Frühlingszwiebeln**, in dünne Ringe geschnitten

150 g **chinesischer Schnittknoblauch**, in 2 cm lange Stücke geschnitten

175 g **Wasserkastanien** (Dose), in dünne Scheiben geschnitten

3 EL **Sesamsamen**, leicht geröstet

16 quadratische **Reisnudelblätter**

800 g kleine **Garnelen**, geschält und entdarmt

50 g ungesalzene **Erdnusskerne**, gehackt (nach Belieben)

Die Frühlingszwiebeln mit dem Schnittknoblauch in die Pfanne geben und weich werden lassen.

Je vier Garnelen auf die Mischung geben und das doppelte Nudelblatt fest aufrollen.

Für die Sauce die Sesampaste mit Sojasauce, Limettensaft, Zucker und Sesamöl in eine Schüssel geben und rühren, bis der Zucker sich aufgelöst hat und die Mischung glatt ist. Falls sie zu dickflüssig ist, mit 1 EL Wasser verdünnen.

Für die Füllung das Erdnussöl mit dem Sesamöl in einer Pfanne erhitzen. Den Knoblauch hineingeben und 1 Minute braten. Frühlingszwiebeln und Schnittknoblauch hinzufügen und 2 Minuten mitbraten, bis sie weich sind. Wasserkastanien und Sesam unterrühren und die Pfanne vom Herd nehmen.

Je 2 Reispapierblätter nacheinander 1 Minute in kaltem Wasser einweichen, dann sofort aufeinanderlegen. Auf jedes Doppel-Blatt 1 EL Füllung als Streifen an eine Längsseite geben. Je 4 Garnelen darauflegen, dann das Nudelblatt fest aufrollen und auf einen Teller legen, der in den Dämpfkorb passt. Auf diese Weise noch sieben weitere Rollen herstellen. Die acht Rollen in zwei Schichten nebeneinander auf den Teller legen, zwischen die Schichten Backpapier legen, damit die Rollen nicht zusammenkleben.

Den Teller in den Dämpfkorb stellen. Den Korb schließen und in den Wok oder in einen Topf über kochendes Wasser setzen. Die Rollen 10 Minuten dämpfen, bis die Garnelen gar sind.

Den Teller vorsichtig aus dem Korb heben, die Hände dabei mit einem Küchentuch schützen. Die Rollen auf Tellern anrichten und mit der Sauce servieren. Nach Belieben mit Erdnusskernen bestreuen.

Tipp **Sesampaste ist eine dicke braune Paste aus Sesamsamen, nicht zu verwechseln mit der orientalischen Sesampaste Tahin. Es gibt sie im Asienladen. Man kann sie durch Erdnusscreme ersetzen, was allerdings dem Gericht eine andere Geschmacksnote verleiht.**

Garnelen im Bananenblattkörbchen

Für 8 Stück

16 **Bananenblatt**-Kreise (je 10 cm Ø) oder 8 ofenfeste Förmchen (je 100 ml Inhalt)

300 g **Garnelen**, geschält und entdarmt

1 kleine **rote Chilischote**, von den Samen befreit

2 TL **rote Thai-Currypaste**

3 cm **Zitronengras**, grob gehackt

1 großes **Ei** (L)

3 EL **Kokoscreme** (coconut cream)

1 EL **Fischsauce**

1/4 TL **Zucker**

2 EL **ungesalzene Erdnusskerne**

Für die Bananenblattkörbchen je zwei Blattkreise aufeinanderlegen. Die Ränder an vier Stellen in Falten legen und zusammentackern. Alternativ können Sie acht hitzebeständige Förmchen verwenden. In jedem Fall acht Kreise (je 7 cm Ø) aus Backpapier ausschneiden.

Die Garnelen in der Küchenmaschine mit Chilischote, Currypaste, Zitronengras, Ei, Coconut cream oder Kokosmilch, Fischsauce, Zucker und der Hälfte der Erdnüsse grob pürieren.

Die Mischung gleichmäßig auf die Körbchen verteilen; jeweils mit einem Backpapierkreis bedecken. Die Körbchen in einen Dämpfkorb oder einen Dämpfeinsatz aus Metall geben; 10–12 Minuten dämpfen, bis die Masse aufgegangen ist und sich fest anfühlt. Eventuell muss das Dämpfen portionsweise erfolgen. Das Backpapier entfernen.

Inzwischen die restlichen Erdnüsse leicht rösten. Kurz abkühlen lassen, dann grob hacken und damit die Garnelenmasse garnieren.

Thai-Fischküchlein

Für 24 Stück

Chilli-Limetten-Dip

1 kleine **rote Chilischote**, von den Samen befreit, fein gehackt

1 TL **Zucker**

1 1/2 EL **Reisessig**

1 1/2 EL **Limettensaft**

2 EL **Fischsauce**

1/4 kleine **Möhre**, geraspelt

1/4 kleine **Salatgurke**, von den Samen befreit, geraspelt

600 g **weißfleischiges Fischfilet** ohne Haut (z. B. Lengfisch, Goldbrasse oder Rotbarsch)

2 EL **rote Thai-Currypaste**

2 EL **Fischsauce**

3 EL **Limettensaft**

1 **Ei**, leicht verquirlt

2 EL fein gehacktes **Koriandergrün** und fein gehackte **Korianderwurzeln**

4 **Kaffirlimettenblätter**, fein gehackt

150 g **Schlangenbohnen** oder dünne **grüne Bohnen**, in Scheiben geschnitten

1/2 TL **Salz**

24 **Minzeblätter**

Alle Zutaten für den Dip mit 3 EL Wasser in eine Schüssel geben und rühren, bis der Zucker sich aufgelöst hat.

Den Fisch mit Currypaste, Fischsauce und Limettensaft in der Küchenmaschine glatt pürieren. Das Püree in eine große Schüssel geben. Ei, Koriander, Limettenblätter, Bohnen und Salz hinzufügen und das Ganze mit den Händen zu einer glatten Masse verkneten.

Den Boden eines großen Dämpfkorbs mit Backpapier belegen. In das Papier Löcher stechen. 1 EL vom Fischteig abnehmen und zu einer Kugel formen. Die Kugel in der Handfläche flach drücken. Auf diese Weise insgesamt 24 Küchlein formen. Alle Küchlein nebeneinander in den vorbereiteten Dämpfkorb legen (oder auf zwei kleinere Körbe verteilen). Den Korb schließen und in den Wok oder in einen Topf über kochendes Wasser setzen. Die Küchlein 10–12 Minuten dämpfen, bis sie durchgegart sind. Herausnehmen, mit Minze garnieren und sofort mit dem Chili-Limetten-Dip servieren.

Die Zutaten für den Dip verrühren, bis der Zucker sich aufgelöst hat.

Aus dem Fischteig Kugeln formen und diese flach drücken.

Feigen und Ziegenkäse im Schinkenmantel

Für 4 Personen

8 große **Feigen**

75 g **Ziegenfrischkäse**, zerbröckelt

8 dünne Scheiben **luftgetrockneter Schinken** (z. B. Parma- oder Serranoschinken)

2 EL **Zitronenöl** (siehe Tipp)

2 EL gehackte **Pistazienkerne**

Den Boden eines Dämpfkorbs mit Backpapier belegen. In das Papier Löcher stechen. Die Feigen von oben nach unten kreuzförmig ein-, aber nicht durchschneiden. Den zerbröckelten Ziegenkäse gleichmäßig auf die Feigen verteilen.

Die gefüllten Feigen in den vorbereiteten Dämpfkorb geben. Den Korb schließen und in den Wok oder in einen Topf über kochendes Wasser setzen. Die Feigen 5–8 Minuten dämpfen, bis sie weich sind, der Käse aber noch nicht zerlaufen ist.

Jede Feige vorsichtig mit einer Schinkenscheibe umhüllen. Mit schwarzem Pfeffer aus der Mühle bestreuen, mit Zitronenöl beträufeln und mit gehackten Pistazien bestreuen. Sofort servieren.

Tipp **Mit Zitrone aromatisiertes Öl gibt es in gut sortierten Supermärkten und in Feinkostläden. Sollten Sie es nicht bekommen, können Sie stattdessen einfach bestes Olivenöl verwenden, das Sie mit abgeriebener Zitronenschale versetzt haben.**

Weinblätter mit Spinat-Pistazien-Füllung

Für 30 Stück

4 EL **bestes Olivenöl**
350g junger **Spinat**
8 dicke **Frühlingszwiebeln**, fein gehackt (auch die grünen Teile)
2 **Knoblauchzehen**, zerdrückt
225g **Risottoreis**
1 TL **gemahlener Kreuzkümmel**
2 EL gehackte **glatte Petersilie**
2 EL gehackte **Minze**
40g **Rosinen**
50g **Pistazienkerne**, grob gehackt
Saft von 1 **Zitrone**
30 in Lake **eingelegte Weinblätter**, gut abgespült, abgetropft
Zitronenschnitze, zum Servieren
Tsatsiki (selbst gemacht oder Fertigprodukt), zum Servieren

Eine Springform (28cm Ø) mit Backpapier auskleiden. 1 EL Öl in einer großen Pfanne bei mittlerer bis starker Hitze heiß werden lassen. Den Spinat darin unter Rühren in 3 Minuten zusammenfallen lassen; herausnehmen und abkühlen lassen.

In der Pfanne 2 EL Öl bei mittlerer Hitze heiß werden. Die Frühlingszwiebeln darin glasig dünsten. Den Knoblauch 1 Minute mitgaren, dann Reis, Kreuzkümmel, Petersilie, Minze, Rosinen, Pistazien, Zitronensaft und 500 ml kochend heißes Wasser zufügen. Den Spinat gut ausdrücken und dazugeben. Das Ganze kräftig salzen und pfeffern. Zugedeckt 10 Minuten köcheln lassen – der Reis sollte danach halb gar sein und die Flüssigkeit aufgenommen haben.

Jedes Weinblatt mit der blanken Seite nach unten auf ein Brett legen. 2 EL Füllung daraufgeben. Die Blattseiten nach innen klappen, die Blätter aufrollen. Die Päckchen mit den Nähten nach unten nebeneinander in die Springform legen. Noch etwa 150 ml heißes Wasser und das restliche Öl darübergeben. Einen Teller auf die Päckchen legen, damit sie nicht aufgehen. Die Form in einen Dämpfkorb (30cm Ø) stellen. Den Korb schließen und über kochendes Wasser setzen. Die Päckchen 45 Minuten dämpfen, bis der Reis weich ist. Falls nötig, mehr heißes Wasser in Wok bzw. Topf geben. Päckchen mit Zitronen und Tsatsiki servieren.

Thunfisch-Bohnen-Dip mit Knoblauchbrot

Für 4–6 Personen

150 g **weiße Bohnen**, über Nacht eingeweicht, abgetropft
1 **Lorbeerblatt**
2 **Thunfischsteaks** (je 150 g)
150 ml **Knoblauchöl** (siehe Tipp Seite 26), mehr zum Servieren
1/2 kleine **rote Zwiebel**, fein gewürfelt
3 EL fein gehackte **glatte Petersilie**
1 EL gehackter **Thymian**
2 TL **Zitronenschale**
2 EL **Zitronensaft**

Knoblauchbrot

1 **türkisches Fladenbrot** (Pide)
3 EL **Knoblauchöl** (siehe Tipp Seite 26)

Bohnen, Lorbeer und 625 ml Wasser in einem Topf bei starker Hitze aufkochen, dann bei schwacher Hitze 1 Stunde köcheln lassen, bis die Bohnen weich, aber nicht auseinandergefallen sind. Alles in ein Sieb schütten, kalt abspülen und das Lorbeerblatt entfernen.

Inzwischen die Thunfischsteaks auf einen Teller geben und diesen in einen Dämpfkorb stellen. Den Korb schließen und in den Wok oder in einen Topf über kochendes Wasser setzen. Den Fisch 4–5 Minuten dämpfen, bis er fast gar, aber innen noch rot ist. Den Fisch aus dem Korb nehmen und mit 3 EL Knoblauchöl beträufeln, dann auf Raumtemperatur abkühlen lassen und zerpflücken.

Zwiebel, Petersilie, Thymian, Zitronenschale und -saft, Salz und schwarzen Pfeffer aus der Mühle mit den Bohnen in eine große Schüssel geben. Die Bohnen mit einer Gabel zerdrücken. Den Thunfisch und das restliche Öl hinzufügen und alles behutsam mischen. Den Dip in 4–6 Portionsschälchen füllen, mit Knoblauchöl beträufeln und Pfeffer darübermahlen.

Den Backofen auf 160 °C vorheizen. Zwei Backbleche mit Backpapier belegen. Das Brot in 1 cm dicke Scheiben schneiden. Die Schnittflächen dünn mit Knoblauchöl bestreichen, die Scheiben auf die Backbleche legen. Pro Blech 15 Minuten backen, bis die Oberflächen braun sind, dann wenden und weitere 15 Minuten backen. Abkühlen lassen und mit dem Dip servieren.

Gurken-Avocado-Sushi

Für 30 Stück

500 g **Klebreis** (Sushireis)

3 EL **Reisessig**

1 EL **Zucker**

1 TL **Salz**

125 g **Mayonnaise**

3 TL **Wasabi-Paste** (japanische Meerrettichpaste)

2 TL **Sojasauce**

5 **Nori-Blätter** (japanische Meeresalgenblätter)

1 kleine **Salatgurke**, längs in lange Stifte geschnitten

1 **Avocado**, in dünne Scheiben geschnitten

1 EL **schwarze Sesamsamen**, geröstet

30 g **eingelegte Ingwerscheiben**

Den gewaschenen Reis bei schwacher Hitze garen, bis sich Löcher bilden.

Mithilfe der Bambusmatte das Nori-Blatt fest aufrollen.

Den Reis in ein Sieb geben. Unter fließend kaltem Wasser waschen, bis das ablaufende Wasser klar ist. Den Reis mit 750 ml Wasser in einen Topf geben. Bei schwacher Hitze aufkochen, dann 5 Minuten kochen lassen, bis sich Löcher bilden. Vom Herd nehmen, zudecken und 15 Minuten quellen lassen.

Den Essig mit Zucker und Salz in einen kleinen Topf geben. Alles bei schwacher Hitze rühren, bis Zucker und Salz sich aufgelöst haben.

Den Reis in eine Schüssel geben und die Körner mit einem hölzernen Kochlöffel voneinander trennen. Essigmischung unterrühren und das Ganze etwas abkühlen lassen. Die Mayonnaise mit Wasabi-Paste und Sojasauce verrühren.

Ein Nori-Blatt mit der blanken Seite nach unten auf eine Bambusmatte oder eine Arbeitsfläche legen. Ein Fünftel des Reises auf dem Blatt verstreichen, dabei oben einen schmalen Rand frei lassen. Je ein Fünftel von Gurke, Avocado, Sesam und Ingwer längs übereinander darauflegen und etwas Wasabi-Mayonnaise daraufstreichen. Die untere Kante des Nori-Blatts über die Füllung rollen. Das Blatt komplett aufrollen und einige Sekunden zusammenhalten. Die Enden der Rolle gerade schneiden, dann die Rolle in Scheiben schneiden. Mit den restlichen Nori-Blättern und den übrigen Zutaten für die Füllung ebenso verfahren. Die Sushis mit der restlichen Wasabi-Mayonnaise servieren.

Miesmuscheln in Tomatensauce

Für 6 Personen

1,5 kg **Miesmuscheln**

1 EL **Olivenöl**

1 große **Zwiebel**, gewürfelt

4 **Knoblauchzehen**, fein gewürfelt

2 Dosen **Pizzatomaten** (je 400 g)

3 EL **Tomatenmark**

30 g entsteinte **schwarze Oliven**

1 EL **Kapern**

125 ml **Fischfond**

3 EL gehackte **glatte Petersilie**

Muscheln gründlich abbürsten und entbarten. Beschädigte Exemplare und solche, die sich nicht schließen, wenn man sie auf die Arbeitsfläche stößt, wegwerfen.

Das Olivenöl in einem großen Topf heiß werden lassen. Die Zwiebel mit dem Knoblauch darin in 1–2 Minuten glasig werden lassen. Pizzatomaten, Tomatenmark, Oliven, Kapern und Fischfond hinzufügen. Alles aufkochen, dann bei schwacher Hitze unter gelegentlichem Rühren köcheln lassen, bis die Sauce eingedickt ist.

Die Muscheln zur Tomatensauce geben und unterrühren. Den Topf mit dem Deckel verschließen. Die Muscheln in der feuchten Hitze 4–5 Minuten garen, bis sie sich geöffnet haben, dabei den Topf gelegentlich rütteln. Den Topf vom Herd nehmen. Ungeöffnete Muscheln aussortieren und wegwerfen. Das Gericht mit Petersilie bestreuen und servieren.

Süßkartoffel-Linsen-Dip

Für 6–8 Personen

250 g **orange Süßkartoffel**, grob gewürfelt

1 EL **Olivenöl**

1 kleine **rote Zwiebel**, fein gewürfelt

1 **Knoblauchzehe**, zerdrückt

1 TL geriebener frischer **Ingwer**

1 EL **rote Thai-Currypaste**

200 g **Pizzatomaten** (Dose)

125 g **ganze rote Linsen**, abgespült (siehe Tipp)

375 ml **Geflügelfond**

Die Süßkartoffelstücke in einen Dämpfkorb geben. Den Korb schließen und in den Wok oder in einen Topf über kochendes Wasser setzen. Die Stücke etwa 15 Minuten dämpfen, bis sie weich sind. Anschließend in eine Schüssel geben, abkühlen lassen und mit einer Gabel grob zerdrücken.

Das Öl in einem Topf bei mittlerer Hitze heiß werden lassen. Die Zwiebelwürfel darin in 2 Minuten glasig werden lassen. Knoblauch, Ingwer und Currypaste hinzufügen und alles 30 Sekunden rühren.

Tomaten, Linsen und Geflügelfond dazugeben. Alles offen aufkochen, dann zugedeckt bei schwacher Hitze unter häufigem Rühren 30 Minuten köcheln lassen, bis die Mischung eingedickt ist und die Linsen weich, aber noch nicht auseinandergefallen sind. Die Mischung in eine Schüssel füllen und im Kühlschrank auskühlen lassen. Anschließend mit einer Gabel unter die zerdrückten Süßkartoffeln mischen. Den Dip mit Salz und schwarzem Pfeffer aus der Mühle abschmecken. Mit Pitabrotecken, Kräckern oder knusprigem Brot zum Dippen servieren.

Tipp **Falls Sie für dieses Gericht rote Spaltlinsen verwenden, die Tomaten-Linsen-Mischung nur 15 Minuten im offenen Topf köcheln lassen.**

Garnelenspieße

Für 10 Stück

500 g **rohe Garnelen**, geschält, entdarmt und grob gehackt
2 EL gehacktes **Koriandergrün**
2 EL gehackte **Minze**
1 **Stängel Zitronengras**, nur der helle Teil, fein gehackt
1 kleine **rote Chilischote**, von den Samen befreit, fein gehackt
1 **Knoblauchzehe**, zerdrückt
1 1/2 TL **Fischsauce**
2 TL **Limettensaft**
1/2 TL **Zucker**
1/4 TL **Salz**
10 Stücke **Zuckerrohr** (je etwa 10 cm lang und 5 mm dick; siehe Tipp)
Limettenschnitze, zum Anrichten (nach Belieben)

Garnelen, Koriander, Minze, Zitronengras, Chili, Knoblauch, Fischsauce, Limettensaft, Zucker und Salz in der Küchenmaschine zu einer glatten Paste verarbeiten.

2 EL von der Garnelenpaste mit angefeuchteten Händen zu einer Kugel formen und diese fest um ein Stück Zuckerrohr drücken. Mit der restlichen Paste und den übrigen Zuckerrohrstücken ebenso verfahren. Die Garnelenspieße für 15 Minuten in den Kühlschrank geben.

Den Boden eines Dämpfkorbes mit Backpapier belegen. In das Papier Löcher stechen. Die Spieße nebeneinander in den Dämpfkorb legen. Den Korb schließen und in den Wok oder in einen Topf über kochendes Wasser setzen. Die Spieße 7–8 Minuten dämpfen, bis die Garnelenpaste durchgegart ist.

Die Spieße nach Belieben mit Limettenschnitzen anrichten. Oder schnell aus süßer Chilisauce und etwas Fischsauce einen Dip rühren und dazu servieren.

Tipp **Sollten Sie kein frisches Zuckerrohr bekommen, können Sie stattdessen Zuckerrohr aus der Dose nehmen. Sie finden es im Asienladen.**

Klöße mit Pilzen und Wasserkastanien

Für 24 Stück

Kloßteig

600 g **Mehl**

2 EL **Backpulver**

1 TL **Salz**

2 EL **Zucker**

2 EL **Erdnussöl**

2 EL **Öl**

2 **Knoblauchzehen**, fein gewürfelt

1 TL fein geriebener frischer **Ingwer**

1 kleine **rote Chilischote**, von den Samen befreit, fein gechackt

8 **braune Champignons (Egerlinge)**, fein gehackt

8 **Shiitakepilze**, fein gehackt

1 Dose **Wasserkastanien** (225 g), abgetropft und fein gehackt

2 EL **Austernsauce**

1 EL **Sojasauce**

1 TL **Speisestärke**, mit 1 EL Wasser verrührt

2 **Frühlingszwiebeln**, gehackt

1 EL gehacktes **Koriandergrün**

Für den Kloßteig Mehl, Backpulver, Zucker und Salz in eine Schüssel sieben. Nach und nach das Öl und 375 ml Wasser unterrühren und alles zu einem weichen Teig verarbeiten. Den Teig auf eine bemehlte Arbeitsfläche geben und 5 Minuten kneten, bis er glatt und elastisch ist. Den Teig zudecken und bei Raumtemperatur etwa 1 Stunde ruhen lassen.

Inzwischen für die Füllung das Öl in einer Pfanne bei mittlerer Hitze heiß werden lassen. Knoblauch, Ingwer und Chili darin in 1 Minute weich werden lassen. Die Pilze hinzufügen und 5 Minuten mitbraten, bis sie weich sind. Wasserkastanien, Austernsauce, Sojasauce und die Speisestärkemischung dazugeben. Alles unter Rühren etwa 1 Minute köcheln lassen, bis die Flüssigkeit etwas angedickt ist. Vom Herd nehmen. Frühlingszwiebeln und Koriandergrün unterrühren und das Ganze abkühlen lassen.

Den Kloßteig in 24 Portionen teilen. Jede Portion zu einem etwa 6 cm großen Kreis formen. Je 1 TL Füllung in die Mitte der Kreise geben. Die Teigränder über die Füllung klappen und fest zusammendrücken.

Den Boden eines Dämpfkorbs mit Backpapier belegen. In das Papier Löcher stechen. Die gefüllten Klöße mit 2 cm Abstand zueinander in den Korb legen. Den Korb schließen und in den Wok oder in einen Topf über kochendes Wasser setzen. Die Klöße (eventuell portionsweise) 15–20 Minuten dämpfen, bis sie fest sind. Sofort servieren.

Die Pilze zur Knoblauchmischung geben und mitbraten, bis sie weich sind.

Die Teigränder über die Füllung klappen und fest zusammendrücken.

Hähnchen-Rucola-Röllchen mit Schinken und warmer Tomatensauce

Für 10 Stück

500 g fein gehacktes **Hähnchenfleisch**

2 **Frühlingszwiebeln**, in dünne Ringe geschnitten

5 **Knoblauchzehen**, fein gewürfelt

50 g **Parmesan**, grob gerieben

40 g **frische Brotkrumen**

40 g junge **Rucolablätter**, in dünne Streifen geschnitten

1 **Ei**, leicht verquirlt

2 EL **Olivenöl**

1 kleine **Zwiebel**, fein gewürfelt

1 Dose **Pizzatomaten** (400 g)

2 TL **Zucker**

1 kleine Handvoll **Basilikumblätter**, in Streifen geschnitten

5 Scheiben **luftgetrockneter Schinken**, halbiert

Das Hähnchenfleisch mit Frühlingszwiebeln, 2 gewürfelten Knoblauchzehen, Parmesan, Brotkrumen, Rucola und Ei in eine Schüssel geben; alles gut mischen. Je 2 EL Fleischteig mit angefeuchteten Händen zu einer Rolle formen; die Rollen auf ein Tablett legen. Zudecken und für 1 Stunde in den Kühlschrank stellen.

Inzwischen das Öl in einem Topf bei schwacher Hitze heiß werden lassen. Darin die Zwiebelwürfel mit den restlichen gehackten Knoblauchzehen in 5 Minuten glasig werden lassen. Tomaten, Zucker, die Hälfte des Basilikums und 125 ml Wasser sowie Salz und Pfeffer aus der Mühle nach Geschmack dazugeben. Aufkochen, dann bei schwacher Hitze 15 Minuten köcheln lassen, bis die Sauce eingedickt ist.

Den Boden eines Dämpfkorbs mit Backpapier belegen. In das Papier Löcher stechen. Die Röllchen nebeneinander in den Korb legen. Den Dämpfkorb schließen und in den Wok oder in einen Topf über kochendes Wasser setzen. Die Röllchen 15–20 Minuten dämpfen, bis sie fest und durchgegart sind. Herausnehmen und kurz abkühlen lassen.

Jedes Röllchen mit einer halbierten Schinkenscheibe umwickeln. Unter dem heißen Backofengrill 6 Minuten grillen, bis der Schinken etwas knusprig ist; zwischendurch die Röllchen immer wieder umdrehen. Die Sauce mit dem restlichen Basilikum bestreuen und zu den Röllchen reichen.

Garnelenhappen japanische Art

Für 25 Stück

500 g **rohe Garnelen**, geschält und entdarmt

1 1/2 EL **Fischsauce**

1 EL **Sake** (japanischer Reiswein)

2 EL gehacktes **Koriandergrün**

1 großes **Kaffirlimettenblatt**, in dünne Streifen geschnitten

1 EL **Limettensaft**

2 TL **süße Chilisauce**

1 **Eiweiß**, etwas schaumig geschlagen

5 **Nori-Blätter** (japanische Meeresalgenblätter)

Dip

3 EL **Sake** (japanischer Reiswein)

3 EL **helle Sojasauce**

1 EL **Mirin** (süßer japanischer Reiswein)

1 EL **Limettensaft**

Garnelenmischung gleichmäßig auf die Nori-Blätter streichen und die Blätter fest aufrollen.

Garnelenhappen nebeneinander in den mit Backpapier ausgelegten Dämpfkorb setzen.

Die Garnelen mit Fischsauce, Sake, Koriandergrün, Kaffirlimettenblatt, Limettensaft und Chilisauce in der Küchenmaschine glatt pürieren. Das Eiweiß dazugeben und ganz kurz untermixen.

Die Nori-Blätter mit den glänzenden Seiten nach unten auf die Arbeitsfläche legen. Die Garnelenmischung auf die Nori-Blätter streichen, dabei oben einen 2 cm breiten Rand frei lassen. Die Blätter fest aufrollen, dann zudecken und in 1 Stunde im Kühlschrank fest werden lassen. Die Enden der Rollen mit einem scharfen Messer abschneiden und die Rollen in 2 cm dicke Scheiben schneiden.

Den Boden eines Dämpfkorbs mit Backpapier belegen. In das Papier Löcher stechen. Die Happen nebeneinander aufrecht in den Korb setzen. Den Korb schließen und in den Wok oder in einen Topf über kochendes Wasser setzen. Die Happen 5 Minuten dämpfen, bis sie durchgegart sind.

Die Zutaten für den Dip in einer kleinen Schüssel miteinander verrühren. Den Dip zu den Garnelenhappen servieren.

Auberginen-Knoblauch-Dip

Für 6 Personen

1 große **Aubergine**

2 EL **Olivenöl**

2 EL **Zitronensaft**

2 **Knoblauchzehen**, fein gewürfelt

2 EL gehackte **Petersilie**

1/4 TL **gemahlener Kreuzkümmel**

Den Boden eines Dämpfkorbs mit Backpapier belegen. In das Papier Löcher stechen. Die Aubergine in den Korb legen. Den Korb schließen und in den Wok oder in einen Topf über kochendes Wasser setzen. Die Aubergine 30–40 Minuten dämpfen, bis sie sehr weich ist. Die Aubergine aus dem Korb nehmen und komplett auskühlen lassen.

In einer Schüssel das Öl mit Zitronensaft, Knoblauch, Petersilie und Kreuzkümmel verrühren. Die Aubergine halbieren. Das Fruchtfleisch herausschaben, in die Ölmischung geben und mit einer Gabel etwas zerdrücken. Den Dip kräftig mit Salz und schwarzem Pfeffer aus der Mühle abschmecken.

Den Dip bis zum Servieren in einem luftdicht verschlossenen Behälter im Kühlschrank aufbewahren. Es empfiehlt sich, den Dip am Vortag herzustellen, damit sich das Aroma optimal entwickeln kann. Den Dip mit Kräckern oder rustikalem Weißbrot servieren.

Erbsen-Artischocken-Terrine

Für 10 Personen als Vorspeise, für 6 als Hauptgericht

2 EL **Olivenöl**

4 **Knoblauchzehen**, gewürfelt

3 festkochende **Kartoffeln**, gewürfelt

300 g **Tiefkühl-Erbsen**

4 EL **Crème fraîche** oder **saure Sahne**

3 **Frühlingszwiebeln**, grob gehackt

4 EL grob gehackte **Minze**

2 **Eier**, getrennt

800 g **Artischockenherzen** (Dose; siehe Tipp Seite 74)

1 EL **Zitronensaft**

1 1/2 EL **Pinienkerne**, geröstet

25 g **Parmesan,** gerieben

Zum Anrichten

zarte **Wildkräuter** (z. B. Rucola, Brunnenkresse)

1 EL **bestes Olivenöl**

1 TL **Sherryessig**

Eine Kastenform (20 cm lang) dünn fetten und mit Backpapier auskleiden. Den Boden eines Dämpfkorbs mit Backpapier belegen. In das Papier Löcher stechen.

In einem kleinen Topf das Olivenöl bei mittlerer Hitze heiß werden lassen. Den Knoblauch darin unter Rühren 2–3 Minuten braten, bis er zu duften beginnt. Vom Herd nehmen. Kartoffelwürfel und Erbsen in den Dämpfkorb geben. Den Korb schließen und in den Wok oder in einen Topf über kochendes Wasser setzen. Kartoffelwürfel und Erbsen etwa 10 Minuten dämpfen, bis die Kartoffelwürfel weich sind. Erbsen und Kartoffeln mit Crème fraîche, Frühlingszwiebeln, Minze und der Hälfte des Knoblauchs in der Küchenmaschine glatt pürieren. Das Püree herzhaft mit Salz und Pfeffer aus der Mühle abschmecken, dann die Eigelbe unterrühren. Das Püree in eine große Schüssel geben.

In einer zweiten, fettfreien und sauberen Schüssel die Eiweiße mit den Schneebesen des elektrischen Handrührgeräts zu steifem Schnee schlagen. Den Eischnee mit einem Metalllöffel behutsam unter das Erbsen-Kartoffel-Püree heben. Die Masse in die vorbereitete Form füllen und glatt streichen.

Die Form mit Alufolie verschließen und in einen großen Dämpfkorb stellen. Den Korb schließen und in einen Topf oder in den Wok über kochendes Wasser setzen. Die Masse 30 Minuten dämpfen.

Die Artischockenherzen mit Zitronensaft, Pinienkernen, Käse und dem restlichen Knoblauch in der Küchenmaschine nicht zu glatt pürieren. Das Püree kräftig mit Salz und Pfeffer aus der Mühle abschmecken.

Die Kartoffel-Erbsen-Terrine etwas oder auf Raumtemperatur abkühlen lassen, dann die Artischockenmischung daraufstreichen. Die Terrine mithilfe des Backpapiers aus der Form heben. Die Terrine in Scheiben schneiden und die Scheiben mit den Wildkräutern auf Portionstellern anrichten. Das Olivenöl mit dem Essig sowie Salz und Pfeffer aus der Mühle nach Geschmack zu einem Dressing aufschlagen. Die Teller mit dem Dressing beträufeln.

Tipp **Wenn Sie frische Artischocken verwenden möchten, brauchen Sie 5–6 Stück. Diese im geschlossenen Dämpfkorb 40–50 Minuten dämpfen, bis die Außenblätter sich leicht abziehen lassen. Abkühlen lassen, die Blätter und das „Heu" entfernen.**

Den Eischnee mit einem Metalllöffel behutsam unter das Erbsen-Kartoffel-Püree heben.

Die Artischocken-mischung gleichmäßig auf der abgekühlten Terrine verteilen und glatt streichen.

Offene Teigtaschen mit Hähnchen und Pistazien

Für 20 Stück

300 g fein **gehacktes Hähnchenfleisch**
75 g **ungesalzene Pistazienkerne**, fein gehackt
1 **Knoblauchzehe**, zerdrückt
2 EL gehackte **Minze**
1 EL abgeriebene **Zitronenschale**
1/2 TL **gemahlenes Piment**
1/4 TL **gemahlener Zimt**
1/4 TL **Tabasco**
1/4 TL frisch gemahlener **Pfeffer**
20 **Gyoza-** oder **Nudelteigblätter**

Sauce

1 EL **Olivenöl**
1 kleine **Zwiebel**, fein gewürfelt
1 **rote Chilischote**, von den Samen befreit, fein gehackt
2 **Knoblauchzehen**, zerdrückt
3 EL trockener **Weißwein**
1 Dose **Pizzatomaten** (400 g)
1 **Zimtstange**
1/2 TL **Tabasco** (nach Belieben)

Das gehackte Hähnchenfleisch in einer Schüssel mit Pistazien, Knoblauch, Minze, Zitronenschale, Piment, Zimt, Tabasco, Pfeffer und etwas Salz mischen. Die Mischung mittig auf die Teigblätter geben. Die Blattränder nach oben klappen; so in Falten legen, dass die Blätter die Füllung umhüllen, aber oben offen sind.

Den Boden eines Dämpfkorbs mit Backpapier belegen. In das Papier Löcher stechen. Die Teigtaschen nebeneinander in den Korb geben. Den Korb schließen und in den Wok oder in einen Topf über kochendes Wasser setzen. Die Teigtaschen 15 Minuten dämpfen, bis die Füllung gar ist. Die Taschen während des Dämpfens großzügig mit Wasser bestreichen, falls sie beginnen trocken zu werden.

Für die Sauce das Öl in einem kleinen Topf bei mittlerer Hitze heiß werden lassen. Zwiebel, Chili und Knoblauch hineingeben; 5 Minuten rühren, bis die Zwiebelwürfel weich sind. Wein, Tomaten, Zimtstange und nach Belieben Tabasco hinzufügen und alles bei schwacher Hitze unter gelegentlichem Rühren 15 Minuten köcheln lassen. Die Zimtstange entfernen. Die Sauce in der Küchenmaschine glatt pürieren, dann herzhaft mit Salz und Pfeffer aus der Mühle würzen.

Die Tomatensauce zu den Teigtaschen reichen oder auf Teller verteilen und die Teigtaschen daraufsetzen.

Austern asiatische Art

Für 4 Personen

12 **ausgelöste Austern** auf den unteren Schalenhälften

2 **Knoblauchzehen**, fein gewürfelt

2 Stücke frischer **Ingwer** (je 2 cm), in sehr feine Streifen geschnitten

2 **Frühlingszwiebeln**, schräg in dünne Ringe geschnitten

3 EL **japanische Sojasauce**

3 EL **Erdnussöl**

Korianderblätter, zum Garnieren

Den Boden eines großen Dämpfkorbs mit Backpapier belegen. In das Papier Löcher stechen. Die Austern nebeneinander in den Korb setzen.

Knoblauchwürfel, Ingwerstreifen und Frühlingszwiebelringe in einer Schüssel gründlich verrühren. Die Mischung auf die Austern streuen. Die Austern mit je 1 TL Sojasauce beträufeln. Den Korb schließen und in den Wok oder in einen Topf über kochendes Wasser setzen. Die Austern etwa 2 Minuten dämpfen.

Das Erdnussöl in einem kleinen Topf erhitzen, bis es raucht. Vorsichtig etwas davon auf jede Auster träufeln. Die Austern mit Korianderblättern garnieren und sofort servieren.

Garnelen im Bananenblatt

Für 4 Personen

1 Stück frischer **Ingwer** (2,5 cm), gerieben

2 kleine **rote Chilischoten**, von den Samen befreit, fein gehackt

4 **Frühlingszwiebeln**, fein gehackt

2 **Stängel Zitronengras**, nur die hellen Teile, fein gehackt

2 TL geriebener **Palmzucker** oder 2 TL **Zucker**

1 EL **Fischsauce**

2 EL **Limettensaft**

1 EL **Sesamsamen**, geröstet

2 EL gehacktes **Koriandergrün**

1 kg **rohe Garnelen**, geschält und entdarmt

8 kleine **Bananenblätter** (siehe Tipp)

Den Ingwer mit Chili, Frühlingszwiebeln und Zitronengras in der Küchenmaschine in Intervallen zu einer Paste verarbeiten. (Sie können auch alles im Mörser verreiben.) Die Paste in eine Schüssel geben. Zucker, Fischsauce, Limettensaft, Sesamsamen und Koriandergrün dazugeben und alles gut mischen. Die Garnelen hinzufügen und durch Wenden mit der Mischung überziehen. Zudecken und 2 Stunden im Kühlschrank durchziehen lassen.

Inzwischen die Bananenblätter in eine große hitzebeständige Schüssel geben, mit kochend heißem Wasser begießen und 3 Minuten einweichen, dann abgießen und trocken tupfen. Die Blätter zu 18 cm großen Quadraten zurechtschneiden.

Die Garnelenmischung in acht Portionen teilen. Jede mittig auf ein Bananenblatt geben. Die Blätter über der Füllung zusammenfalten und die Päckchen mit Holzspießchen zusammenstecken. Die Päckchen in einen Dämpfkorb legen. Den Korb schließen und in den Wok oder in einen Topf über kochendes Wasser setzen. Die Päckchen 8–10 Minuten dämpfen, bis die Füllung gar ist.

Tipp **In ganz Asien werden Zutaten vor dem Garen in Bananenblätter gewickelt. Die Blätter halten die Zutaten saftig und verleihen ihnen einen milden Geschmack. Sie finden die Blätter im Asienladen.**

Gefüllte Zucchiniblüten mit marokkanischer Note

Für 4 Personen

150 g **Butternusskürbis**, in kleine Stücke geschnitten

1 Dose **Kichererbsen** (300 g)

2 EL **Korinthen**

4 **Schalotten**, fein gewürfelt

1/2 TL **gemahlener Kreuzkümmel**

1/2 TL **gemahlener Zimt**

1 1/2 EL **Zitronensaft**

2 TL gehacktes **Koriandergrün**

2 TL gehackte **Petersilie**

12 große **Zucchiniblüten** mit den jungen Früchten

Knoblauch-Zitronen-Butter

100 g **Ghee** (siehe Tipp Seite 85) oder **Butterschmalz**

4 **Knoblauchzehen**, zerdrückt

1/2 TL **Salz**

1 TL **gemahlener Koriander**

1 Prise **Cayennepfeffer**

1 EL **Zitronensaft**

Die Kürbismischung in die Zucchiniblüten füllen, dann die Blütenspitzen zusammendrehen.

Den Knoblauch in Fett unter Rühren braten, bis er braun ist und die Butter schäumt.

Die Kürbisstücke in einen Dämpfkorb geben. Den Korb schließen und in den Wok oder in einen Topf über kochendes Wasser setzen. Die Stücke 5–8 Minuten dämpfen, bis sie weich sind. In eine Schüssel geben, abkühlen lassen und mit einer Gabel zerdrücken.

Inzwischen die Kichererbsen in einem Sieb abtropfen lassen, dann in einer zweiten Schüssel grob zerdrücken. Korinthen, Schalotten, Kreuzkümmel, Zimt, Zitronensaft, Koriandergrün und Petersilie unterrühren. Den zerdrückten Kürbis unter die Mischung rühren und das Ganze mit Salz und schwarzem Pfeffer aus der Mühle abschmecken.

Die Zucchiniblüten vorsichtig von den Staubgefäßen befreien und die Stielenden abschneiden. Die Blüten großzügig mit der Kürbismasse füllen. Die Blütenspitzen zusammendrehen, damit die Füllung nicht herausquillt. Die gefüllten Blüten dicht an dicht nebeneinander in den Dämpfkorb legen. Den Korb schließen und in den Wok oder in einen Topf über kochendes Wasser setzen. Zucchiniblüten 5–8 Minuten dämpfen, bis die Stiele weich sind.

Inzwischen für die Knoblauch-Zitronen-Butter das Ghee bzw. das Butterschmalz in einem kleinen Topf bei mittlerer Hitze heiß werden lassen. Den Knoblauch mit dem Salz hineingeben und unter Rühren 2 Minuten braten, bis er braun ist und die Butter schäumt. Koriander und Cayennepfeffer hinzufügen und 30 Sekunden mitbraten, dann den Zitronensaft unterrühren.

Auf jeden Teller drei gefüllte Zucchiniblüten legen. Mit etwas heißer Knoblauch-Zitronenbutter beträufeln und servieren.

Tipp **Bei Ghee handelt es sich um geklärte Butter, also reines Butterschmalz. Es lässt sich viel stärker erhitzen als normale Butter, die bei hohen Temperaturen verbrennen würde. Ghee finden Sie im Asienladen.**

Offene Teigtaschen mit Fleisch-Garnelen-Füllung

Für 24 Stück

300 g **Schweinehackfleisch**

300 g **rohe Garnelen**, geschält, entdarmt und gehackt

3 **Frühlingszwiebeln**, in dünne Ringe geschnitten

60 g **Wasserkastanien** (aus der Dose), gehackt

1 1/2 TL fein gehackter frischer **Ingwer**

1 EL **helle Sojasauce**, mehr zum Servieren

1 TL **Zucker**

24 **Wan-tan-Blätter**

Chilisauce, zum Servieren

Für die Füllung das Hackfleisch und die gehackten Garnelen mit Frühlingszwiebeln, Wasserkastanien, Ingwer, Sojasauce und Zucker in eine große Schüssel geben und alles gründlich mischen.

Jeweils ein Wan-tan-Blatt auf die Arbeitsfläche legen und 1 gehäuften EL Füllung daraufgeben. Den Rand des Blattes nach oben klappen und so in Falten legen, dass das Blatt die Füllung wie ein Förmchen fest umschließt, aber oben offen ist. Den gefältelten Blattrand zusammendrücken und die Teigtasche mit einem feuchten Küchentuch bedecken. Mit den restlichen Wan-tan-Blättern und der übrigen Füllung ebenso verfahren.

Den Boden eines großen Dämpfkorbs mit Backpapier belegen. In das Papier Löcher stechen. Die Teigtaschen nebeneinander in den Korb geben – sie dürfen einander nicht berühren. Den Korb schließen und in den Wok oder in einen Topf über kochendes Wasser setzen. Die Teigtaschen 8–10 Minuten dämpfen, bis die Füllung durchgegart ist. Soja- und Chilisauce getrennt in Schälchen füllen und als Dip zu den Teigtaschen servieren.

Tipp **Sie können die Teigtaschen auch ohne Schweinefleisch zubereiten, wenn Sie die Menge der Garnelen verdoppeln.**

Bananenblätter mit Hähnchen-Kokosreis-Füllung

Für etwa 12 Stück

2–3 junge **Bananenblätter** (oder Alufolie)

400 g **Klebreis**

200 ml **Kokosmilch**

Hähnchen-Kokos-Mischung

2 EL **Öl**

2–3 **Knoblauchzehen**, zerdrückt

6 **Curryblätter** (siehe Tipp Seite 90)

1 TL **getrocknete Garnelenpaste**

2 TL **gemahlener Koriander**

2 TL **gemahlener Kreuzkümmel**

1/2 TL **gemahlene Kurkuma**

250 g fein gehacktes **Hähnchenfleisch**

3 EL **Kokosmilch**

1 TL **Zitronensaft**

Mit einem scharfen Messer die Mittelrippen aus den Bananenblättern schneiden, dabei entstehen acht große Stücke. Diese zu 15 cm großen Quadraten zurechtschneiden. Die Quadrate kurz in kochendes Wasser geben, damit sie weich werden. Auf einem Küchentuch ausbreiten und zudecken. Mit den restlichen Bananenblattabschnitten den Boden eines Dämpfkorbs belegen.

Den Reis waschen und abtropfen lassen. In einen großen Topf mit schwerem Boden geben und 450 ml Wasser dazugießen. Das Ganze langsam aufkochen lassen, dann den Reis bei schwacher Hitze im geschlossenen Topf etwa 15 Minuten quellen lassen.

Die Kokosmilch mit 100 ml Wasser in einen kleinen Topf geben und heiß werden, aber nicht kochen lassen. Die Flüssigkeit zum Reis gießen und mit einer Gabel unterrühren. Den Reis in eine Schüssel füllen und zum Abkühlen beiseitestellen.

Das Öl in einer großen Pfanne mit schwerem Boden bei mittlerer Hitze heiß werden lassen. Knoblauch und Curryblätter hineingeben und 1 Minute rühren. Garnelenpaste, Koriander, Kreuzkümmel und Kurkuma hinzufügen und 1 Minute weiterrühren. Das gehackte Hähnchenfleisch dazugeben und 3–4 Minuten mitbraten, bis es Farbe annimmt; Klümpchen dabei mit einer Gabel zerdrücken. Die Kokosmilch dazugießen und alles 5 Minuten bei schwacher Hitze köcheln lassen, bis die Flüssigkeit verdampft ist. Die Curryblätter herausfischen. Den Zitronensaft unter die Hähnchenmischung rühren und das Ganze mit Salz und Pfeffer aus der Mühle abschmecken. Abkühlen lassen.

Auf jedes Stück Bananenblatt 1 gehäuften EL Reis geben und zu einem 4 cm großen Quadrat flach drücken. Darauf je 1 gehäuften EL Hähnchenmischung geben. Die Blätter zu Päckchen zusammenrollen und diese mit den Nähten nach unten in den vorbereiteten Korb legen. Sollten nicht alle Päckchen in den Korb passen, die Päckchen portionsweise dämpfen. Den Korb schließen und in den Wok oder in einen Topf über kochendes Wasser setzen. Die Päckchen 15 Minuten dämpfen. Die Päckchen mit Raumtemperatur servieren und die Füllung mit Stäbchen oder einer kleinen Gabel essen.

Tipp **Curryblätter gibt es frisch oder getrocknet im Asienladen. Sie haben einen ganz typischen Geschmack und können durch nichts anderes ersetzt werden.**

Die heiße Kokosmilch zum Reis gießen und mit einer Gabel unterrühren.

Reis und Hähnchenmasse auf ein Stück Bananenblatt geben; zu einem Päckchen zusammenrollen.

Fleisch-Garnelen-Bällchen im Reismantel

Für 15–18 Stück

1 kleiner **getrockneter Shiitakepilz**

300 g **Schweinehackfleisch**

150 g **rohe Garnelen**, geschält, entdarmt und grob gehackt

1 EL gehackte **Frühlingszwiebel**

2 TL fein gehackter frischer **Ingwer**

2 TL fein gehacktes **Zitronengras** (nur den hellen Teil verwenden)

1 **Kaffirlimettenblatt**, in dünne Streifen geschnitten

1 **Knoblauchzehe**, fein gewürfelt

1 TL **Fischsauce**

1 **Ei**

1 EL gehacktes **Koriandergrün**

200 g **Klebreis**

süße Chilisauce, zum Servieren

Den Shiitakepilz 20 Minuten in heißem Wasser einweichen. Den Stiel entfernen, den Hut fein hacken.

Hackfleisch und gehackte Garnelen in der Küchenmaschine mit Frühlingszwiebel, Ingwer, Zitronengras, Kaffirlimettenblatt, Knoblauch, Fischsauce und Ei 10–15 Sekunden in Intervallen mischen. Den Teig in eine Schüssel geben, Pilzstücke sowie Koriandergrün unterrühren.

Den Reis in eine Schüssel geben. Aus der Fleisch-Garnelen-Masse mit angefeuchteten Händen 2–3 cm große Bällchen formen. Diese behutsam im Reis rollen, bis sie gleichmäßig damit umhüllt sind.

Den Boden eines sehr großen Dämpfkorbs mit Backpapier belegen. In das Papier Löcher stechen. Die Bällchen in den Korb legen. Den Korb schließen und in den Wok oder einen Topf über kochendes Wasser setzen. Die Fleisch-Garnelen-Bällchen 1 gute Stunde dämpfen, bis der Reis gar ist; falls nötig, Wasser nachfüllen. Die Bällchen mit süßer Chilisauce servieren.

Teigtaschen mit Gemüsefüllung

Für 25 Stück

1 EL **Öl**

3 **Frühlingszwiebeln**, in Ringe geschnitten

2 **Knoblauchzehen**, gewürfelt

2 TL geriebener frischer **Ingwer**

3 EL **Schnittlauchröllchen**

400 g **Choisum** (chinesischer Blattkohl), in Streifen geschnitten (ersatzweise China- oder Weißkohl)

2 EL **süße Chilisauce**

3 EL gehacktes **Koriandergrün**

50 g **Wasserkastanien** (Dose), abgetropft, gehackt

25 **Gyoza-** oder **Nudelteigblätter**

Dip

1/2 TL **Sesamöl**

1/2 TL **Erdnussöl**

1 EL **Sojasauce**

1 EL **Limettensaft**

1 kleine **rote Chilischote**, von den Samen befreit, fein gehackt

Das Öl in einer Pfanne bei mittlerer Hitze heiß werden lassen. Frühlingszwiebel, Knoblauch, Ingwer und Schnittlauch darin 1–2 Minuten dünsten, bis alles weich ist. Bei starker Hitze den Choisum hinzufügen und in 4–5 Minuten zusammenfallen lassen. Chilisauce, Koriandergrün und Wasserkastanien unterrühren. Die Mischung abkühlen lassen und, falls sie zu feucht ist, ausdrücken.

Ein Teigblatt auf die Arbeitsfläche legen. 1 gehäuften EL Füllung daraufgeben. Den Rand des Blattes mit Wasser bestreichen und über der Füllung zusammendrücken. Mit den restlichen Blättern und der übrigen Füllung ebenso verfahren.

Den Boden eines Dämpfkorbs mit Backpapier belegen. In das Papier Löcher stechen. Die Teigtaschen nebeneinander in den Korb geben. Den Korb schließen und in den Wok oder in einen Topf über kochendes Wasser setzen. Die Teigtaschen 5–6 Minuten dämpfen, bis die Hüllen weich sind und die Füllung gar ist.

Inzwischen alle Zutaten für den Dip in einer kleinen Schüssel verrühren. Den Dip zu den Teigtaschen reichen.

Zucchini mit Fleisch-Garnelen-Füllung

Für etwa 24 Stück

4 große **Zucchini**

125g **Schweinehackfleisch**

60g **rohe Garnelen**, geschält, entdarmt und fein gehackt

2 **Knoblauchzehen**, zerdrückt

2 EL fein gehacktes **Koriandergrün**

1/2 TL **Zucker**

2 **Kaffirlimettenblätter**, fein gehackt, oder 1 TL abgeriebene **Limettenschale**

2 **Schalotten**, fein gewürfelt

2 TL **Fischsauce**

3 EL **Kokoscreme**

1 EL geröstete **ungesalzene Erdnusskerne**, fein gehackt

Die Zucchini in 4cm dicke Scheiben schneiden. Die Stücke mit einem Kugelformer aushöhlen, bis Boden und Wand noch etwa 5mm dick sind.

Das Hackfleisch in einer Schüssel mit den gehackten Garnelen sowie Knoblauch, Koriandergrün, Zucker, Kaffirlimettenblättern, Schalotten, Fischsauce und 2 EL Kokoscreme verkneten. Die Masse in die ausgehöhlten Zucchinistücke füllen.

Die gefüllten Stücke nebeneinander in einen Dämpfkorb stellen. Den Korb schließen und in den Wok oder in einen Topf über kochendes Wasser setzen. Zucchinistücke 10 Minuten dämpfen, bis die Füllung durchgegart ist und die Zucchinistücke weich sind. Die gegarten gefüllten Zucchinistücke mit der restlichen Kokoscreme beträufeln und mit den gehackten Erdnüssen bestreuen.

Gefüllte Shiitakepilze

Für 4–6 Personen

Füllung

300 g **rohe Garnelen**, geschält, entdarmt und fein gehackt

150 g fein gehacktes **Hähnchenfleisch**

50 g **Schweineschwarte**, fein gehackt (beim Fleischer vorbestellen)

30 g **Schinken**, fein gehackt

1 **Frühlingszwiebel**, fein gehackt

2 große **Knoblauchzehen**, zerdrückt

1 1/2 EL fein gehackte **Wasserkastanien** (aus der Dose)

1 1/2 EL fein gehackte **Bambussprossen** (aus der Dose)

1 1/2 TL geriebener frischer **Ingwer**

1 EL **chinesischer Reiswein**

1 EL **Austernsauce**

1 EL **helle Sojasauce**

2–3 Tropfen **geröstetes Sesamöl**

1 **Eiweiß**, schaumig geschlagen

1/4 TL **Zucker**

1 Prise chinesisches **Fünf-Gewürze-Pulver**

300 g **Shiitakepilze** (siehe Tipp Seite 101)

1 l **Geflügelfond**

1 **Sternanis**

Austernsauce, zum Servieren

geröstete Sesamsamen, zum Garnieren (nach Belieben)

Alle Zutaten für die Füllung in eine Schüssel geben und gründlich mischen.

Die Füllung großzügig in die Pilzhüte geben und mit einem Löffel rund formen.

Für die Füllung Garnelen und gehacktes Hähnchenfleisch in einer Schüssel mit Schweineschwarte, Schinken, Frühlingszwiebel, Knoblauch, Wasserkastanien, Bambussprossen, Ingwer, Reiswein, Austernsauce, Sojasauce, Sesamöl, Eiweiß, Zucker, Fünf-Gewürze-Pulver und weißem Pfeffer aus der Mühle (nach Geschmack) gründlich mischen.

Die Stiele von den Shiitakepilzen abschneiden und beiseitelegen. In jeden Pilzhut großzügig Füllung geben und die Füllung oben leicht abrunden. Wie viel Füllung Sie benötigen, hängt von der Größe der Pilzhüte ab – bei sehr kleinen Exemplaren könnte es sein, dass etwas Füllung übrig bleibt.

Den Geflügelfond mit 500 ml Wasser, dem Sternanis und den Pilzstielen in den Wok geben. Bei starker Hitze aufkochen, dann bei schwacher Hitze kräftig köcheln lassen.

Den Boden eines großen Dämpfkorbs mit Backpapier belegen. In das Papier Löcher stechen. Die Pilzhüte mit der Füllung nach oben nebeneinander in den Korb geben. Den Korb schließen und in den Wok über die köchelnde Flüssigkeit setzen. Die gefüllten Pilze 15 Minuten dämpfen, bis sie weich sind und die Füllung durchgegart ist. Herausnehmen, auf einer Servierplatte anrichten und mit etwas Dämpfflüssigkeit begießen, dann mit Austernsauce beträufeln und mit gerösteten Sesamsamen bestreuen.

Tipp **Kaufen Sie nur Shiitakepilze, die prall sind. Die Ränder der Hüte sollten nach innen gebogen sein. Pilze, die runzelig sind, liegen lassen. Wählen Sie Pilze gleicher Größe, sie garen gleichmäßig.**

Venusmuscheln mit Mais und Bacon

Für 4 Personen

25 g **Butter**

1 große **Zwiebel**, gewürfelt

100 g **Bacon**, fein gewürfelt

1,5 kg **Venusmuscheln**, gesäubert

Körner von 1 großen **Maiskolben**

150 ml trockener **Cidre** oder **Apfelwein**

3 EL **Fischfond**

150 g **Sahne**

Die Butter in einem großen Topf zerlassen. Sobald sie heiß ist, Zwiebel- und Baconwürfel hineingeben. Bei mittlerer Hitze etwa 5 Minuten dünsten, bis die Zwiebel glasig ist und der Speck gar.

Die Muscheln in einer Schicht in einen Dämpfkorb geben. Den Korb schließen und in den Wok oder in einen Topf über kochendes Wasser setzen. Die Muscheln 8–15 Minuten dämpfen, bis sie sich geöffnet haben. Ungeöffnete Exemplare aussortieren und wegwerfen.

Die Maiskörner zur Zwiebel-Speck-Mischung geben und unter Rühren 3–4 Minuten mitdünsten, bis sie weich sind. Cidre und Fischfond dazugießen und aufkochen, dann 2 Minuten köcheln lassen. Sahne unterrühren und das Ganze mit Salz und schwarzem Pfeffer aus der Mühle abschmecken. Die Muscheln hinzufügen und alles verrühren. In vorgewärmte Suppenschalen füllen und servieren.

Tipp **Für dieses Rezept können Sie auch Miesmuscheln verwenden.**

Salate

Nudelsalat mit Lachs

Für 4 Personen

500 g **Lachssteaks**

2 EL **Zitronensaft**

300 g **Penne** (kurze dicke Röhrennudeln)

3 EL **Rotweinessig**

1 EL **Dijon-Senf**

125 ml **Olivenöl**

80 g **Pinienkerne**, geröstet

200 g **Ricotta salata** (ersatzweise **Feta**), zerbröckelt

1 Handvoll **Basilikumblätter**, grob zerkleinert

4 EL grob gehackte **glatte Petersilie**

35 g grob geriebener **Parmesan**

75 g **Rucola**

200 g **Cocktailtomaten**, halbiert

Den Boden eines Dämpfkorbs mit Backpapier belegen. In das Papier Löcher stechen. Den Fisch in den Korb legen. Den Korb schließen und in den Wok oder in einen Topf über kochendes Wasser setzen. Den Fisch 5 Minuten dämpfen, bis er gerade eben gar ist. Aus dem Korb nehmen und kurz abkühlen lassen, dann Haut und Gräten entfernen. Das Fischfleisch zerpflücken, mit Zitronensaft beträufeln und mit Salz und schwarzem Pfeffer aus der Mühle würzen.

Die Nudeln in sprudelnd kochendem Salzwasser nach Packungsangabe garen; abgießen und abkühlen lassen.

Für das Dressing Essig und Senf in ein Schraubdeckelglas geben. Kräftig schütteln, dann das Öl hinzufügen und alles durch Schütteln mischen.

Lachs, Nudeln, Pinienkerne, Ricotta, Basilikum, Petersilie, Parmesan, Rucola und Tomaten in eine große Schüssel geben. Das Dressing darüberträufeln und alles behutsam mischen.

Asiatischer Glasnudelsalat mit Schweinefleisch

Für 4 Personen

1 **Stängel Zitronengras**, nur der helle Teil, grob gehackt

2 **Knoblauchzehen**, geschält

1 Stück frischer **Ingwer** (4 cm), grob gehackt

1 große **rote Chilischote**, von den Samen befreit, grob gehackt

500 g **Schweinehackfleisch**

1 TL **Salz**

200 g **Glasnudeln**

50 g geröstete **Erdnusskerne**, gehackt

250 g **Cocktailtomaten**, halbiert

4 **Frühlingszwiebeln**, in dünne Ringe geschnitten

1 kleine **Salatgurke**, längs halbiert, quer in dünne Scheiben geschnitten

1 große Handvoll **Koriandergrün**

1 sehr große Handvoll **Minze**, in Stücke gerissen

Dressing

4 EL **Limettensaft**

3 EL **Fischsauce**

2 große **rote Chilischoten**, von den Samen befreit, fein gehackt

1 EL geriebener **Palmzucker** oder 1 EL **Zucker**

4 EL **Ketjap manis** (süße indonesische Sojasauce; siehe Tipp Seite 111)

Den Fleischteig in Stückchen gleichmäßig auf dem **Boden** des Dämpfkorbs **verteilen**.

Die **Glasnudeln** abtropfen lassen und mit einer **Küchenschere** halbieren.

Zitronengras, Knoblauch, Ingwer und Chili in der Küchenmaschine fein zerkleinern. Die Mischung in eine große Schüssel geben. Hackfleisch und Salz hinzufügen und alles mit den Händen zu einem Fleischteig verkneten.

Den Boden eines Dämpfkorbs mit Backpapier belegen. In das Papier Löcher stechen. Den Fleischteig in Stückchen gleichmäßig auf dem Boden des Korbes verteilen. Den Korb schließen und in den Wok oder in einen Topf über kochendes Wasser setzen. Den Fleischteig 5 Minuten dämpfen, bis die Stückchen durchgegart sind, dabei gelegentlich mit einer Gabel umrühren, damit die Stückchen zerfallen. Den Korb herausnehmen und das Fleisch kurz abkühlen lassen.

Glasnudeln nach Packungsangabe garen bzw. einweichen, bis sie transparent und weich sind.

Inzwischen für das Dressing Limettensaft, Fischsauce, Chili, Zucker, Ketjap manis und 2 EL Wasser in einer Schüssel verrühren, bis der Zucker sich aufgelöst hat.

Die Nudeln in ein Sieb schütten, abtropfen lassen und mit einer Küchenschere halbieren. In eine große Schüssel geben, mit dem Dressing begießen und 10 Minuten ziehen lassen. Das Fleisch und die restlichen Zutaten hinzufügen und alles gründlich mischen.

Tipp **Falls Sie keinen Ketjap manis im Haus haben, können Sie stattdessen Sojasauce verwenden, die Sie mit ein wenig braunem Zucker mischen.**

Linsensalat mit Tomaten, Rucola und grünem Spargel

Für 4 Personen

200g **Puy-Linsen** oder andere **Linsen**
3 vollreife **Tomaten**, fein gewürfelt
1/2 kleine **rote Zwiebel**, fein gewürfelt
40g gehackte **Walnusskerne**, geröstet
4 EL fein gehackte **Petersilie**
1 EL **Thymianblättchen**
60g **Ziegenfrischkäse**, zerbröckelt
200g **grüner Spargel**, schräg quer halbiert
100g **Rucola**

Dressing
2 EL **Olivenöl**
2 EL **Balsamico-Essig**
2 TL **Dijonsenf**
1 TL **Honig**

Die Linsen in eine Schüssel füllen und mit heißen Wasser begießen. 30 Minuten einweichen, dann abgießen. Den Boden eines Dämpfkorbs mit Backpapier belegen. In das Papier Löcher stechen. Die Linsen in den Korb geben. Den Korb schließen und in den Wok oder in einen Topf über kochendes Wasser setzen. Die Linsen etwa 30 Minuten dämpfen, bis sie weich sind. Mit kaltem Wasser abschrecken und anschließend in eine große Schüssel geben.

Tomaten- und Zwiebelwürfel sowie Nüsse, Petersilie und Thymian zu den Linsen geben. Die Zutaten für das Dressing miteinander verrühren. Das Dressing zu den Salatzutaten geben und alles gründlich mischen, dann behutsam den Ziegenfrischkäse unterheben.

Die Spargelstücke nebeneinander in den Dämpfkorb legen. Den Korb schließen und in den Wok oder in einen Topf über kochendes Wasser setzen. Den Spargel 2–3 Minuten dämpfen, bis er knapp gar ist.

Die Rucolablätter auf Portionsteller verteilen. Den Linsensalat daraufgeben und die Spargelstücke darauf anrichten.

Tipp **Ersetzen Sie einmal den Ziegenfrischkäse durch weichen Feta (griechischen Schafskäse) und den Rucola durch gemischte Blattsalate.**

Garnelensalat mit Limettenduft

Für 4 Personen

16 große **rohe Garnelen** mit Schwänzen, geschält und entdarmt
200 g zarte **grüne Bohnen**
2 kleine **Salatgurken**, in Scheiben geschnitten
4 **Frühlingszwiebeln**, fein gehackt
1 EL in dünne Streifen geschnittene **Kaffirlimettenblätter**
15 g **Kokosflocken**
2 TL abgeriebene unbehandelte **Zitronenschale**

Dressing

1 EL **Erdnussöl**
1 EL **Fischsauce**
1 EL geriebener **Palmzucker** oder 1 EL **Zucker**
1 EL gehacktes **Koriandergrün**
2 TL **Sojasauce**
1–2 TL **süße Chilisauce**
3 EL **Limettensaft**

Garnelen und Bohnen in einen Dämpfkorb geben. Den Korb schließen und in den Wok oder in einen Topf über kochendes Wasser setzen. Garnelen und Bohnen 6 Minuten dämpfen, dann aus dem Korb nehmen. Die Bohnen in kaltem Wasser abschrecken, dann abgießen und mit Küchenpapier trocken tupfen.

Die Zutaten für das Dressing in einer Schüssel mit einem Schneebesen verrühren.

Gedämpfte Garnelen und Bohnen sowie Gurken, Frühlingszwiebeln, Kaffirlimettenblätter und Kokosflocken in einer großen Schüssel mischen. Das Dressing hinzufügen und behutsam untermischen. Den Salat in eine große Servierschüssel umfüllen und mit der abgeriebenen Zitronenschale bestreuen.

Gemüsesalat mit scharfem Chili-Dressing

Für 4 Personen

1 Dose **Pinto-** oder **Borlotto-Bohnen** (400 g; ersatzweise **Kidneybohnen**)
2 **Fenchelknollen**, längs in Scheiben geschnitten
125 g **Maiskölbchen**, nach Belieben halbiert
150 g **Zuckerschoten**, quer schräg halbiert
100 g **Rucola**
40 g **Erbsensprossen**

Dressing

4 EL **Olivenöl**
3 EL **schwarzer Essig** (siehe Tipp)
1 EL **Reisessig**
2 EL fein gehacktes **Koriandergrün**
1 kleine **rote Chilischote**, von den Samen befreit, fein gehackt

Die Bohnen in ein Sieb schütten. Kalt abspülen, dann abtropfen lassen. Den Boden eines Dämpfkorbs mit Backpapier belegen. In das Papier Löcher stechen.

Fenchel und Maiskölbchen in den Korb geben. Den Korb schließen und in den Wok oder in einen Topf über kochendes Wasser setzen. Fenchel und Mais 5 Minuten dämpfen. Zuckerschoten und Bohnen ebenfalls in den Korb geben und alles weitere 5 Minuten dämpfen. Das Gemüse (nicht aber das Kondenswasser, das sich auf dem Backpapier angesammelt hat) in eine Schüssel geben.

Inzwischen für das Dressing Öl, schwarzen Essig und Reisessig mit einem Schneebesen verrühren. Das Dressing salzen und pfeffern, dann Koriandergrün und Chili unterrühren.

Die Hälfte des Dressings zum Gemüse geben und unterrühren. Den Salat 5 Minuten ruhen oder vollständig auskühlen lassen. Den Rucola auf einer Servierplatte anrichten und mit dem restlichen Dressing beträufeln. Den Gemüsesalat daraufgeben und das Ganze mit den Erbsensprossen bestreuen.

Tipp

Schwarzer Essig ist ähnlich wie Balsamico, schmeckt aber etwas rauchig. Es gibt ihn im Asienladen.

Salat mit Sake-Hähnchen und Korianderdressing

Für 4 Personen

250 g **Koch-Sake** (japanischer Reiswein; siehe Tipp)
100 ml **Hühner-** oder **Gemüsebrühe**
1 Stück frischer **Ingwer** (5 cm), gerieben
2 **Knoblauchzehen**, zerdrückt
6 **Korianderwurzeln**, gründlich gewaschen
4 **schwarze Pfefferkörner**, geschrotet
2 **Lorbeerblätter**
600 g **Hähnchenbrustfilet**, in dünne Streifen geschnitten
75 g **Brunnenkresseblätter** oder 100 g **Blattsalat**
3 **Frühlingszwiebeln**, in Ringe geschnitten

Dressing

4 EL **Olivenöl**
1 EL **Rot-** oder **Weißweinessig**
2 EL gehacktes **Koriandergrün**
2 EL gehackte glatte **Petersilie**

Sake, Brühe, Ingwer, Knoblauch, Korianderwurzeln, Pfefferkörner und Lorbeerblätter in einen Krug, Hähnchenbruststreifen in eine hitzebeständige Schale geben, die in einen großen Dämpfkorb passt. Die Sauce dazugießen und untermischen.

Die Schale in den Dämpfkorb stellen. Den Korb schließen und in den Wok oder in einen Topf über kochendes Wasser setzen. Das Fleisch 20–25 Minuten dämpfen, bis es durchgegart ist. Die Fleischstreifen dabei gelegentlich wenden, damit sie nicht zusammenkleben. Das Fleisch aus der Flüssigkeit heben.

Inzwischen für das Dressing Öl und Essig mit 3 EL Dämpfflüssigkeit mischen. Kräftig mit einem Schneebesen verschlagen, dann Koriandergrün und Petersilie unterrühren; mit Salz und schwarzem Pfeffer aus der Mühle abschmecken. Die Hälfte des Dressings auf das Fleisch geben und untermischen; abkühlen lassen.

Das Fleisch mit der Brunnenkresse in eine Schüssel geben. Den Salat mit dem restlichen Dressing beträufeln und mit den Frühlingszwiebelringen bestreuen.

Tipp **Koch-Sake ist billiger als normaler Sake. Sie finden ihn im Asienladen oder in der Asienabteilung eines gut sortierten Supermarkts.**

Tintenfischsalat mit Artischocken und Schafskäse

Für 4 Personen

800 g küchenfertige **Baby-Oktopus**
3 TL **Oregano**, fein gehackt
2 **Knoblauchzehen**, fein gewürfelt
1 lange **rote Chilischote**, von den Samen befreit, fein gehackt
3 TL abgeriebene unbehandelte **Limettenschale**
4 EL **Limettensaft**
3 EL bestes **Olivenöl**
100 g zarte **grüne Bohnen**
125 g **Rucola**
1 Handvoll **Minze**, große Blätter in Stücke gezupft
250 g marinierte **Artischockenherzen**, abgetropft, halbiert
125 g in Öl eingelegter **Feta** (Schafskäse), grob zerbröckelt
1 1/2 EL **in Salz eingelegte Kapern**, abgespült und ausgedrückt

Die Tintenfische in einer Schüssel mit Oregano, Knoblauch, Chili, Limettenschale, 2 EL Limettensaft, 2 EL Olivenöl sowie Salz und Pfeffer aus der Mühle mischen. Die Schüssel mit Frischhaltefolie verschießen und das Ganze im Kühlschrank etwa 30 Minuten durchziehen lassen.

Den Boden eines Dämpfkorbs mit Backpapier belegen. In das Papier Löcher stechen. Tintenfische und Bohnen in den Korb geben. Den Korb schließen und in den Wok oder in einen Topf über kochendes Wasser setzen. Tintenfische und Bohnen 5 Minuten dämpfen, bis sie gar sind. 5 Minuten abkühlen lassen, die Dämpfflüssigkeit aufbewahren.

Rucola und Minze auf eine Servierplatte geben. Artischockenherzen, Feta, Kapern, Bohnen und Tintenfische darauf anrichten. Die restlichen 2 EL Limettensaft mit dem restlichen EL Öl und 1 EL Dämpfflüssigkeit zu einem Dressing verrühren. Das Dressing auf den Salat träufeln und behutsam untermischen. Den Salat mit Salz und Pfeffer abschmecken und servieren.

Hähnchensalat mit grünen Bohnen

Für 4–6 Personen

400 g fein gehacktes **Hähnchenfleisch**

1 **Zwiebel**, fein gewürfelt

3 **Knoblauchzehen**, fein gewürfelt

2 **Stängel Zitronengras**, nur die hellen Teile, fein gehackt

2 **Kaffirlimettenblätter**, fein gehackt

1 kleine **rote Chilischote**, von den Samen befreit, fein gehackt

2 EL **Erdnussöl**

1 EL geriebener **Palmzucker** oder 1 EL **Zucker**

1 TL **gemahlene Kurkuma**

Salat

500 g **grüne Bohnen**, in 1 cm lange Stücke geschnitten

30 g **Kokosraspel**, geröstet

4 **Knoblauchzehen**, in Scheiben geschnitten

4 **Schalotten**, halbiert und in dünne Halbringe geschnitten

2 große **rote Chilischoten**, von den Samen befreit, längs in dünne Streifen geschnitten

1 **Kaffirlimettenblatt**, in dünne Streifen geschnitten

1 große Handvoll **Korianderblätter**

2 EL **Erdnussöl**

2 TL **Sesamöl**

Saft von 2 **Limetten**

2 TL geriebener **Palmzucker** oder 2 TL **Zucker**

1–2 EL **Fischsauce**

Das gehackte Hähnchenfleisch mit Zwiebel, Knoblauch, Zitronengras, Kaffirlimettenblättern, Chili, Öl, Zucker und Kurkuma in eine große Schüssel geben. Alles zu einem Fleischteig verarbeiten und diesen mit Salz und Pfeffer aus der Mühle würzen. Ein Stück Alufolie auf der Arbeitsfläche ausbreiten und mit einem Stück Backpapier belegen. Die Hälfte des Fleischteigs mittig längs darauflegen, zu einem Rolle formen und in die Folie wickeln. Mit der zweiten Teighälfte ebenso verfahren.

Die Päckchen nebeneinander in einen Dämpfkorb legen. Den Korb schließen und in den Wok oder in einen Topf über kochendes Wasser setzen. Die Hähnchenfleischrollen 20–25 Minuten dämpfen, bis sie durchgegart sind. Die Päckchen aus dem Korb nehmen, beiseitelegen und etwas abkühlen lassen.

Für den Salat die Bohnen in den Dämpfkorb legen und 5 Minuten dämpfen, dann in kaltem Wasser abschrecken. Kokosraspel, Knoblauch, Schalotten, Chilis, Limettenblatt und Korianderblätter in einer Salatschüssel mischen. Die Hähnchenfleischrollen auswickeln und mit einer Gabel zerkrümeln. Hähnchenfleisch und Bohnen zur Mischung in der Salatschüssel geben und unterrühren.

Erdnussöl, Sesamöl, Limettensaft, Zucker und Fischsauce in einem Krug zu einem Dressing verrühren. Das Dressing auf den Salat gießen und untermischen.

Tipp **Anstelle von gehacktem Hähnchenfleisch können Sie für diesen Salat Rinder- oder Schweinehackfleisch verwenden.**

Die Hälfte des Fleischteigs **längs** auf das Backpapier legen und **hineinrollen**.

Kokosraspel, Knoblauch, Schalotten, Chili, Limettenblatt und Koriandergrün in einer Schüssel **mischen**.

Bohnensalat mit Spinat, Avocado und Kartoffeln

Für 4–6 Personen

6 **Kartoffeln**
2 **rote Paprikaschoten**, halbiert und geputzt
100g **Zuckerschoten**
3 EL **bestes Olivenöl**
2 **Knoblauchzehen**, fein gewürfelt
1 TL **Fischsauce**
1 TL geriebener **Palmzucker** oder 1 TL **Zucker**
125ml **Limettensaft**
1 Dose **weiße Bohnen** (400g)
50g **Spinatblätter**
1 große Handvoll **Korianderblätter**
2 **Avocados**, gewürfelt
1 **Schalotte**, fein gewürfelt
1 kleine **rote Chilischote**, von den Samen befreit, fein gehackt

Die Böden von zwei Dämpfkörben mit Backpapier belegen. In das Papier Löcher stechen. In einen Korb die Kartoffeln, in den anderen die Paprikaschoten geben. Die Körbe schließen und übereinander (Kartoffeln unten, Paprika oben) in den Wok oder in einen Topf über kochendes Wasser setzen. Kartoffeln und Paprika etwa 30 Minuten dämpfen, bis die Kartoffeln weich sind. Paprikaschoten in einen Gefrierbeutel geben und abkühlen lassen, dann häuten und in Streifen schneiden.

Die Zuckerschoten 1–2 Minuten dämpfen, dann in Streifen schneiden.

Inzwischen die Kartoffeln noch heiß pellen und in 1cm dicke Scheiben schneiden. Öl, Knoblauch, Fischsauce, Zucker und 3 EL Limettensaft in einem Krug zu einem Dressing verrühren. Die Kartoffelscheiben in eine Schüssel geben und mit der Hälfte des Dressings begießen. Die Bohnen in ein Sieb schütten, kalt abspülen und abtropfen lassen.

Paprika, Zuckerschoten, Bohnen, Spinat und Koriandergrün in eine große Schüssel geben und mit dem restlichen Dressing mischen. In einer zweiten Schüssel die Avocadowürfel mit Schalotte, Chili und dem restlichen Limettensaft mischen.

Zum Servieren die Kartoffelscheiben auf Portionstellern anrichten. Den Bohnensalat darauf verteilen und die Avocadomischung daraufgeben.

Bunter Salat

Für 6 Personen

6 sehr kleine **Rote Bete**

200 g **Brokkoli**, in kleine Röschen geteilt

6 **Frühkartoffeln**

6 **Kopfsalatblätter**, in Stücke gezupft

1 geröstete r**ote Paprikaschote**, in 1 cm breite Streifen geschnitten (siehe Tipp)

125 g kleine **gelbe Eiertomaten**, halbiert

125 g **Cocktailtomaten**, halbiert

1/2 **rote Zwiebel**, in dünne Halbringe geschnitten

1 EL gehackter **Estragon**

3 EL **bestes Olivenöl**

2 EL **Balsamico-Essig**

1/2 TL **körniger Senf**

Rote Bete einzeln in Alufolie wickeln. Mit Brokkoliröschen und Kartoffeln in einen Dämpfkorb geben. Den Korb schließen und in den Wok oder in einen Topf über kochendes Wasser setzen. Brokkoliröschen nach 2–3 Minuten herausnehmen, die Kartoffeln nach 20 Minuten und die Roten Bete nach 40 Minuten. Falls nötig, Wasser nachgießen. Gemüse und Kartoffeln abkühlen lassen. Kartoffeln und Rote Bete pellen bzw. schälen und vierteln.

Eine Platte mit den Salatblättern belegen. Rote Bete, Brokkoliröschen, Kartoffeln, Paprika, Tomaten, Zwiebel und Estragon darauf anrichten.

Öl, Essig und Senf sowie Salz und Pfeffer aus der Mühle in ein Schraubdeckelglas geben. Das Glas schließen und kräftig schütteln. Dressing auf den Salat gießen und den Salat sofort servieren.

Tipp **Die Paprikaschoten zum Rösten putzen und in Stücke schneiden. Die Stücke mit den Hautseiten nach oben unter den heißen Grill schieben; grillen, bis die Haut verkohlt ist und Blasen wirft. In einem Gefrierbeutel abkühlen lassen, dann häuten und in Streifen schneiden.**

Tintenfisch-Fenchel-Salat

Für 4 Personen

750 g küchenfertige **Sepia-** oder **Kalmartuben**, in dünne Streifen geschnitten
1 kleine **Fenchelknolle**, in dünne Streifen geschnitten (das zarte Grün abgeschnitten und beiseitegelegt)
1/2 **rote Zwiebel**, in dünne Halbringe geschnitten
75 g **Rucola**

Dressing

2 EL **Limettensaft**
1 EL **Sherry-Essig**
1 **Knoblauchzehe**, zerdrückt
1/4 TL **Chiliflocken**
3 EL **bestes Olivenöl**
1 EL **körniger Senf**

Die Tintenfischstreifen auf einem Teller in einen Dämpfkorb geben. Den Korb schließen und in den Wok oder in einen Topf über kochendes Wasser setzen. Die Tintenfischstreifen etwa 3 Minuten dämpfen, bis sie knapp gar sind. Abkühlen lassen, dann mit Fenchel, Zwiebel und 2 EL fein gehacktem Fenchelgrün in eine Schüssel geben.

Die Zutaten für das Dressing in einer Schüssel oder in einem Schraubdeckelglas mischen. Das Dressing zur Tintenfischmischung gießen; alles behutsam mischen. Den Salat mit Salz und Pfeffer aus der Mühle abschmecken.

Den Rucola auf eine Servierplatte geben, den Salat darauf anrichten.

Süßkartoffel-Kürbis-Salat mit Spinat

Für 4 Personen

800 g **orange Süßkartoffeln**, halbiert oder geviertelt und in 1 cm dicke Scheiben geschnitten

350 g kleine **Patisson-Kürbisse**, längs in je 4 Stücke geschnitten

150 g **Blattspinat**

60 g **gehobelte Mandeln**, geröstet

6 dicke **Frühlingszwiebeln**, nur die weißen und hellgrünen Teile, in dünne Ringe geschnitten

1 große Handvoll **Korianderblätter**

Dressing

Schale von 1/4 **eingelegten Zitrone**, fein gehackt

2 TL **Honig**

1 **Knoblauchzehe**, fein gewürfelt

1/2 TL **gemahlener Kreuzkümmel**

1/2 TL **gemahlener Koriander**

2 EL **Apfelessig**

3 EL **Olivenöl**

Den Boden eines großen Dämpfkorbs mit Backpapier belegen. In das Papier Löcher stechen. Die Süßkartoffelstücke in den Korb geben. Den Korb schließen und in den Wok oder in einen Topf über kochendes Wasser setzen. Süßkartoffelstücke etwa 12 Minuten dämpfen, bis sie weich sind, dann aus dem Korb nehmen und etwas abkühlen lassen. Kürbisstücke etwa 3 Minuten dämpfen, bis sie knapp gar sind. Herausnehmen und ebenfalls etwas abkühlen lassen.

Inzwischen für das Dressing Zitronenschale, Honig, Knoblauch, Kreuzkümmel, Koriander und Essig sowie Salz und Pfeffer aus der Mühle in einer Schüssel verrühren. Unter ständigem Schlagen mit einem Schneebesen das Öl hinzufügen.

Süßkartoffeln, Kürbis, Spinat, Mandeln, Frühlingszwiebeln und Korianderblätter in einer Schüssel behutsam mischen. Das Dressing dazugießen und vorsichtig untermischen. Den Salat auf einer Platte anrichten und servieren.

Maissalat mit asiatischem Dressing

Für 4 Personen

1 große **rote Paprikaschote**
3 **Maiskolben**, von den Hüllblättern befreit
100 g **Mungobohnensprossen**
4 **Frühlingszwiebeln**, schräg in dünne Ringe geschnitten

Dressing

1/2 **Knoblauchzehe**, zerdrückt
1/2 TL fein geriebener frischer **Ingwer**
1 TL **Zucker**
1 EL **Reisessig**
1 EL **Sojasauce**
1 EL **Zitronensaft**
2 TL **Sesamöl**
2 EL **Erdnussöl**

Die Paprikaschote in große Stücke schneiden. Die Stücke unter den heißen Grill schieben und grillen, bis die Haut angekohlt ist und Blasen wirft. Die Stücke in einen Gefrierbeutel geben und abkühlen lassen. Häuten und in Stücke schneiden.

Die Maiskolben quer in je sechs 2,5 cm dicke Stücke schneiden. Die Stücke in einen Dämpfkorb geben. Den Korb schließen und in den Wok oder in einen Topf über kochendes Wasser setzen. Den Mais mindestens 5–8 Minuten dämpfen, bis die Körner weich sind. Die Maiskolbenstücke mit Paprika und Sprossen auf einer Servierplatte anrichten.

Für das Dressing Knoblauch, Ingwer, Zucker, Reisessig, Sojasauce und Zitronensaft in einem Krug mischen. Sesam- und Erdnussöl unter ständigem Schlagen mit einem Schneebesen dazugießen. Das Dressing mit Pfeffer aus der Mühle abschmecken, dann über den Salat träufeln. Den Salat mit Frühlingszwiebelringen garnieren und servieren.

Hähnchenfleischsalat mit Remoulade auf Salatbett

Für 4 Personen

2 **Hähnchenbrustfilets** (je etwa 300 g)
1 **rote Zwiebel**, in kleine Würfel geschnitten
1 EL grob gehackter **frischer Oregano**
1 TL **getrockneter Oregano**
2 EL **Olivenöl**

Remoulade

175 g **Mayonnaise**
2 TL **Dijonsenf**
1 EL **Kapern**, gehackt
25 g **Cornichons**, fein gewürfelt
1 EL **Schnittlauchröllchen**
1 **Knoblauchzehe**, zerdrückt
1 EL **Limettensaft**
1 EL gehackte **glatte Petersilie**

Salatbett

2 **Eisbergsalatherzen**, in Streifen geschnitten
2 **Stangen Staudensellerie**, schräg in dünne Scheiben geschnitten
2 **grünschalige Äpfel**, geschält, von den Kerngehäusen befreit und in streichholzdünne Stifte geschnitten
4 **Radieschen**, in streichholzdünne Stifte geschnitten
100 g **Walnusskernhälften**, geröstet und halbiert

Jedes Hähnchenbrustfilet mit **Zwiebel-Oregano-**Mischung bedecken und in Backpapier wickeln.

Die **Hähnchenbrustfilets** auswickeln und mit einem scharfen Messer in dünne Scheiben schneiden.

Den Backofen auf 180 °C vorheizen. Die Hähnchenbrustfilets mit Küchenpapier trocken tupfen, dann jedes Filet auf ein Stück Backpapier legen, das groß genug ist, um ein Hähnchenbrustfilet mitsamt Belag hineinzuwickeln.

Zwiebelwürfel mit frischem und getrocknetem Oregano mischen, die Mischung salzen und pfeffern. Die Filets dünn mit Olivenöl einreiben und anschließend gleichmäßig mit jeweils der Hälfte von der Zwiebel-Oregano-Mischung bedecken. Das Backpapier über den Filets zusammenfalten, die Seiten unter die Päckchen stecken. Die Päckchen in Alufolie wickeln und in eine ofenfeste Form legen. Die Filets in den Päckchen im heißen Ofen 25–35 Minuten dämpfen, bis sie durchgegart sind. Herausnehmen und etwa 5 Minuten ruhen lassen, bevor die Päckchen geöffnet werden.

Inzwischen die Zutaten für die Remoulade in einer Schüssel mischen. Die Remoulade mit Salz und Pfeffer aus der Mühle abschmecken. Zudecken und bis zum Servieren in den Kühlschrank stellen.

Die Zutaten für das Salatbett in einer Schüssel mit der Remoulade mischen. Die Mischung auf Teller verteilen.

Die Hähnchenbrustfilets auswickeln und in dünne Scheiben schneiden. Die Scheiben auf den Tellern anrichten. Dazu passt knuspriges Weißbrot.

Rote-Bete-Salat

Für 4 Personen

1 EL **Olivenöl**

50 g **Pekannusskerne**

1,25 kg sehr kleine **Rote Bete**, halbiert

250 g zarte **grüne Bohnen**

125 g **Brunnenkresse**, von dicken Stängeln und Stielen befreit

2 EL **Walnussöl**

1 TL **Honig**

2 TL abgeriebene unbehandelte **Orangenschale**

1 EL **Apfelessig**

50 g fester **Blauschimmelkäse**, in dünne Scheiben geschnitten

Das Olivenöl in einer Pfanne bei mittlerer bis starker Hitze heiß werden lassen. Die Pekannüsse darin 3 Minuten rösten, dann mit Salz und schwarzem Pfeffer aus der Mühle würzen. Herausnehmen und in eine mit Küchenpapier ausgelegte Schüssel geben.

Den Boden eines großen Dämpfkorbs mit Backpapier belegen. In das Papier Löcher stechen. Die Rote-Bete-Hälften in den Korb geben. Den Korb schließen und in den Wok oder in einen Topf über kochendes Wasser setzen. Die Rote Bete 30–35 Minuten dämpfen, bis sie weich sind; zur Garprobe mit einem Messer hineinstechen. Herausnehmen und abkühlen lassen.

Das Backpapier aus dem Korb nehmen. Bohnen in den Korb geben und 5–7 Minuten dämpfen, bis sie knapp gar sind. Herausnehmen und mit kaltem Wasser abschrecken.

Rote Bete schälen. Nüsse, Bohnen und Brunnenkresse in einer großen Schüssel mischen. Walnussöl, Honig, Orangenschale und Essig in einer Schüssel zu einem Dressing verrühren. Das Dressing auf den Salat gießen. Die Rote Bete dazugeben und alles behutsam mischen, dann mit Salz und Pfeffer aus der Mühle abschmecken. Den Salat auf einer Servierplatte anrichten und mit dem Blauschimmelkäse garnieren.

Zitronenwürzige Jakobsmuscheln mit Fenchel-Radieschen-Salat

Für 4 Personen als Vorspeise

1 unbehandelte **Zitrone**, in Scheiben geschnitten

400 g große **ausgelöste Jakobsmuscheln**, vom Corail befreit

1 EL abgeriebene unbehandelte **Zitronenschale**

1 sehr kleine **Fenchelknolle**, in sehr dünne Streifen gehobelt

3 **Radieschen**, in sehr dünne Scheiben gehobelt

60 g **Brunnenkresse**, von dicken Stängeln und Stielen befreit

1 1/2 EL **Schnittlauchröllchen**

80 g **Oliven** (möglichst Taggiasca aus Ligurien)

2 EL **Mayonnaise**

2 TL **Dijonsenf**

1 1/2 TL **Zitronensaft**

Den Boden eines Dämpfkorbs mit Backpapier belegen. In das Papier Löcher stechen. Zitronenscheiben in einer Schicht in den Korb legen. Jakobsmuscheln nebeneinander darauflegen und mit der Zitronenschale bestreuen. Den Korb schließen und in den Wok oder in einen Topf über köchelndes Wasser setzen. Zitronenscheiben und Muschelfleisch dämpfen, bis die Muscheln gerade eben gar sind. Abkühlen lassen.

Fenchel, Radieschen, Brunnenkresse, Schnittlauch und Oliven in einer Schüssel mischen.

Mayonnaise, Senf und Zitronensaft sowie Salz und Pfeffer aus der Mühle mit einem Schneebesen zu einem Dressing verrühren.

Den Fenchelsalat auf vier Teller verteilen. Die Jakobsmuscheln daraufsetzen und das Ganze mit dem Dressing beträufeln.

Kalmarsalat mit Kichererbsen

Für 4–6 Personen

4 küchenfertige **Kalmartuben**

100 g **Couscous**

4 EL **bestes Olivenöl**

1 Dose **Kichererbsen** (400 g)

3 **Frühlingszwiebeln**, in dünne Ringe geschnitten

2 **Tomaten**, von den Samen befreit und in 5 mm große Würfel geschnitten

100 g **grüne Oliven**, entkernt und halbiert

1 große Handvoll **Petersilie**, gehackt

2 **Knoblauchzehen**, zerdrückt

3 EL **Zitronensaft**

1 kleine **rote Chilischote**, von den Samen befreit und gehackt

Die Kalmartuben in 5 mm breite Streifen schneiden und in einen Dämpfkorb geben. Den Korb schließen und in den Wok oder in einen Topf über kochendes Wasser setzen. Die Kalmarstreifen 4 Minuten dämpfen, bis sie knapp gar sind.

Den Couscous in einer kleinen Schüssel mit 125 ml kaltem Wasser begießen. Etwa 5 Minuten quellen lassen, dann 1 TL Olivenöl dazugeben und mit den Händen unterarbeiten. Einen kleinen Dämpfkorb mit einem feuchten Küchentuch auslegen. Den Couscous daraufgeben. Den Korb schließen und in den Wok oder in einen Topf über kochendes Wasser setzen. Den Couscous 20 Minuten dämpfen, dabei zwei- bis dreimal Klümpchen mit einer Gabel zerdrücken. Den Couscous in eine Schüssel geben und mithilfe einer Gabel mit 1 EL Olivenöl mischen, die Körner dabei voneinander trennen. Abkühlen lassen. Die Kichererbsen in ein Sieb schütten, abspülen und abtropfen lassen.

Kalmarstreifen, Couscous, Kichererbsen, Frühlingszwiebeln, Tomaten, Oliven, Petersilie, Knoblauch, Zitronensaft, Chili, das restliche Öl sowie Salz und Pfeffer aus der Mühle in einer großen Schüssel mischen.

Warmer griechischer Reissalat

Für 4 Personen

20 g **Butter**
1 **rote Zwiebel**, fein gewürfelt
2 **Knoblauchzehen**, fein gewürfelt
1 TL **gemahlener Koriander**
1 TL **gemahlener Kreuzkümmel**
200 g **Basmatireis**
2 EL gehackter **Dill**
375 ml heiße **Hühnerbrühe**
1 EL **Sesamsamen**, geröstet
1 große Handvoll **Petersilie**, grob gehackt
1 große Handvoll **Minze**, grob gehackt
4 EL **Zitronensaft**
4 EL **Joghurt**
100 g **Blattspinat**
3 **Eiertomaten**, geviertelt, von den Samen befreit
2 sehr kleine **Fenchelknollen**, in dünne Streifen gehobelt
80 g **Oliven** (möglichst Taggiasca aus Ligurien), entkernt
2 **Frühlingszwiebeln**, gehackt
bestes Olivenöl und **Zitronenschnitze** (nach Belieben), zum Servieren

Die Butter in einem Topf bei mittlerer Hitze heiß werden lassen. Zwiebelwürfel darin in 3 Minuten unter Rühren glasig dünsten. Knoblauch, Koriander und Kreuzkümmel hinzufügen und 1 Minute mitdünsten. Reis und Dill dazugeben und alles gut verrühren. Mit Salz und schwarzem Pfeffer aus der Mühle würzen. Die Brühe angießen und aufkochen, dann bei schwacher Hitze fest zugedeckt 15 Minuten köcheln lassen, bis der Reis die Flüssigkeit aufgenommen hat und gar ist.

Den Topf vom Herd nehmen. Sesam, Petersilie, Minze und 3 EL Zitronensaft zum Reis geben und unterrühren. Den Joghurt mit dem restlichen EL Zironensaft sowie Salz und Pfeffer aus der Mühle verrühren.

Den Reis auf vier Schüsseln verteilen. Darauf Spinat, Tomaten, Fenchel, Oliven, Frühlingszwiebeln und die Joghurtmischung anrichten. Mit etwas Olivenöl beträufeln und nach Belieben mit Zitronenschnitzen servieren.

Fenchel-Kartoffel-Salat mit geräucherter Forelle

Für 4–6 Personen

750 g **Frühkartoffeln**

125 g **Mayonnaise**

1 1/2 EL **Limettensaft**

1 TL abgeriebene unbehandelte **Limettenschale**

3 EL gehackte **glatte Petersilie**

1 EL **Rotweinessig**

2 TL **Zucker**

4 EL **Olivenöl**

1 große **Fenchelknolle**, in Streifen geschnitten

1 **rote Zwiebel**, in dünne Ringe geschnitten

100 g **Rucola**

1 EL **Kapern**

1 **geräucherte Forelle** (etwa 350 g), gehäutet und entgrätet, die Filets in mundgerechte Stücke zerpflückt oder 2 **geräucherte Forellenfilets**

Die geräucherte Forelle häuten. Die Filets in mundgerechten Stücken abzupfen.

Die Mayonnaise mit Limettensaft, Limettenschale und Petersilie verrühren.

Die Kartoffeln in einen Dämpfkorb geben. Den Korb schließen und in den Wok oder in einen Topf über kochendes Wasser setzen. Die Kartoffeln 20–25 Minuten dämpfen, bis sie knapp gar sind (die Kartoffeln nicht übergaren, sie fallen sonst beim Schneiden auseinander). Die Kartoffeln erst 5 Minuten abkühlen lassen, dann in 1–2 cm dicke Scheiben schneiden.

Inzwischen die Mayonnaise mit Limettensaft, Limettenschale und Petersilie verrühren und mit Salz und schwarzem Pfeffer aus der Mühle abschmecken.

Den Essig mit dem Zucker sowie Salz und schwarzem Pfeffer aus der Mühle in eine große Schüssel geben. Alles mit einem Schneebesen verrühren, bis Zucker und Salz sich aufgelöst haben. Unter ständigem Schlagen nach und nach das Öl dazugießen. Weiterschlagen, bis eine cremige Vinaigrette entstanden ist. Sollte sie zu dickflüssig sein, 1–2 EL warmes Wasser unterrühren, damit die Mischung sich träufeln lässt.

Fenchel, Zwiebel, Rucola und Kapern in die Vinaigrette geben. Die Kartoffelscheiben und die Hälfte der Forellenfilets in die Vinaigrette geben und behutsam untermischen.

Den Salat auf Portionsteller verteilen und die restlichen Forellenfiletstücke darauf anrichten. Die Portionen mit der Limetten-Mayonnaise beträufeln. Zu diesem Salat passt knuspriges Brot.

Hähnchen-Kohl-Salat auf vietnamesische Art

Für 4 Personen

3 **Hähnchenbrustfilets**, in 1 cm dicke Streifen geschnitten

1 **rote Chilischote**, von den Samen befreit, fein gehackt

3 EL **Limettensaft**

2 EL geriebener **Palmzucker** oder 2 EL **Zucker**

3 EL **Fischsauce**

1/2 **Chinakohl**, in Streifen geschnitten

2 **Möhren**, geraspelt

1 große Handvoll **Minze**, in Streifen geschnitten

Den Boden eines Dämpfkorbs mit Backpapier belegen. In das Papier Löcher stechen. Die Hähnchenbruststreifen in einer Schicht in den Korb legen. Den Korb schließen und in den Wok oder in einen Topf über kochendes Wasser setzen. Das Hähnchenfleisch etwa 10 Minuten (je nach Dicke) dämpfen, bis es durchgegart ist. Erst abkühlen lassen, dann in kleine Stücke zerpflücken.

Inzwischen Chilischote, Limettensaft, Zucker und Fischsauce zu einem cremigen Dressing verrühren.

Hähnchenfleisch, Chinakohl, Möhren, Minze und das Dressing in eine große Schüssel geben und alles gut mischen. Sofort servieren.

Spargel-Orangen-Salat

Für 4 Personen als Vorspeise

16 dünne **grüne Spargelstangen**, im unteren Drittel geschält

50 g **Brunnenkresse**, von dicken Stielen und Stängeln befreit

1/2 **rote Zwiebel**, in sehr dünne Ringe geschnitten

1 **Orange**, Filets herausgelöst

1 EL **Orangensaft**

1 TL abgeriebene unbehandelte **Orangenschale**

1 TL **Zucker**

1 EL **Rotweinessig**

2 TL **Mohnsamen**

2 EL **Olivenöl**

60 g fester **Ziegenfrischkäse**

Die Spargelstangen in einen Dämpfkorb geben. Den Korb schließen und in den Wok oder in einen Topf über sprudelnd kochendes Wasser setzen. Den Spargel 2–3 Minuten dämpfen, bis er knapp gar ist. Unter kaltem Wasser abschrecken, dann in einer Servierschale mit Brunnenkresse, Zwiebelringen und Orangenstücken mischen.

Den Orangensaft in einem Krug mit Orangenschale, Zucker, Essig und Mohn verrühren. Das Öl mit einer Gabel unter die Mischung schlagen; dieses Dressing auf den Salat träufeln. Den Ziegenfrischkäse auf den Salat bröckeln und das Ganze mit Salz und Pfeffer aus der Mühle würzen.

Hauptgerichte

Linguine mit Lachs und grünem Spargel

Für 4 Personen

2 Stücke **Lachsfilet** (je etwa 200 g)

2 TL abgeriebene unbehandelte **Zitronenschale**

1 EL **Olivenöl**

350 g **grüner Spargel**, im unteren Drittel geschält

300 g **Linguine** (schmale Bandnudeln)

2 EL **Pinienkerne**, geröstet

6 **Frühlingszwiebeln**, nur die weißen und die Hälfte der hellgrünen Teile, in dünne Ringe geschnitten

150 g **Rucola**, von den Stielen befreit, quer halbiert

Kräuter-Salsa

2 **Knoblauchzehen**

2 **Sardellenfilets**

4 EL **bestes Olivenöl**

2 EL **Zitronensaft**

1 EL in feine Streifen geschnittenes **Basilikum**

2 EL fein gehackte **Petersilie**

1 EL sehr kleine **Kapern** (Nonpareilles)

Die Lachsfilets in eine große Schüssel geben. Abgeriebene Zitronenschale und Öl sowie Salz und Pfeffer aus der Mühle hinzufügen und in die Filets einmassieren. Zwei große Backpapierstücke auf die Arbeitsfläche legen und die Filets fest darin einwickeln. Die Seiten dabei einschlagen, damit beim Dämpfen kein Saft austreten kann. Die Päckchen in einen Dämpfkorb legen. Den Korb schließen und in den Wok oder in einen Topf über kochendes Wasser setzen. Die Lachsfilets etwa 10 Minuten dämpfen, bis sie gerade eben durchgegart sind, dann auswickeln und zum Abkühlen beiseitelegen; die im Papier befindliche Flüssigkeit wegschütten.

Inzwischen die Spargelstangen schräg in 4 cm lange Stücke schneiden. Die Stücke in den Dämpfkorb geben und etwa 3 Minuten dämpfen.

Für die Kräuter-Salsa den Knoblauch schälen und mit den Sardellenfilets im Mörser zerdrücken. Die Paste in einer Schüssel mit dem Öl und dem Zitronensaft verrühren. Basilikum, Petersilie und Kapern unterrühren und das Dressing mit schwarzem Pfeffer aus der Mühle abschmecken.

Die Nudeln in sprudelnd kochendem Salzwasser nach Packungsangabe bissfest garen, dann abgießen und abtropfen lassen.

Die Pinienkerne in einer großen Schüssel mit den Frühlingszwiebeln, dem Spargel und den Nudeln mischen. Die Salsa hinzufügen und behutsam untermischen. Die Lachsfilets zerpflücken und mit dem Rucola dazugeben. Alles kurz mischen und das Gericht abschmecken. Vor dem Servieren noch etwas Pfeffer aus der Mühle darübermahlen.

Die Fischfilets in Backpapier **einwickeln**, die Seiten dabei **einschlagen**.

Die Pinienkerne in einer großen Schüssel mit Frühlingszwiebeln, Spargel und **Linguine** mischen.

Hähnchen mit Weinbrand und Schalotten

Für 4 Personen

1 EL **Olivenöl**

30 g **Butter**

1,8 kg **Hähnchenteile**, von sichtbarem Fett befreit

2 EL **Weinbrand**

8 **Schalotten**, geschält

2 EL **Geflügelfond**

2 EL **trockener Weißwein**

3 **Thymianzweige**

Das Olivenöl mit der Hälfte der Butter in einer großen Pfanne bei mittlerer bis starker Hitze heiß werden lassen. Die Hähnchenteile darin (falls nötig, portionsweise) anbraten, dann in einen großen Schmortopf mit fest schließendem Deckel füllen. Die Hitze reduzieren, die Hähnchenteile mit Weinbrand beträufeln und flambieren. Dafür ein Streichholz anzünden und die Flamme an den Weinbrand halten, bis die Flüssigkeit sich entzündet. Die Flamme von selbst erlöschen lassen.

Die restliche Butter in der Pfanne bei mittlerer bis schwacher Hitze zerlassen. Die Schalotten darin in 5 Minuten weich, aber nicht braun werden lassen. Geflügelfond und Wein hinzufügen. Bei starker Hitze unter Rühren 30 Sekunden sprudelnd kochen lassen, dabei den Bratsatz losschaben. Den Pfanneninhalt über die Hähnchenteile geben und den Thymian hinzufügen.

Den Schmortopf mit Alufolie verschließen und den Deckel auflegen. Falls der Topf nicht dicht genug zu sein scheint, Alufolie über den Deckel spannen. Die Hähnchenteile bei sehr schwacher Hitze in der feuchten Wärme im Topf 45 Minuten garen, bis das Fleisch weich ist. Die Teile auf eine Servierplatte geben und warm stellen. Die Flüssigkeit im Schmortopf bei starker Hitze zu einer dickflüssigen Sauce einkochen lassen.

Die Sauce mit einem Löffel auf die Hähnchenteile geben und das Gericht sofort servieren. Dazu passt Kartoffelpüree.

Ganze Ente in Bananenblättern

Für 4 Personen

1 küchenfertige **Ente** (etwa 2 kg)

8 rote **Schalotten**, halbiert, in Halbringe geschnitten

6 **Knoblauchzehen**, in Scheiben geschnitten

5 kleine **rote Chilischoten**, von den Samen befreit und gehackt

4 **Kaffirlimettenblätter**, fein gehackt

3 **Stängel Zitronengras**, nur die hellen Teile, fein gehackt

2 EL gehackter frischer **Ingwer**

1 EL **Salz**

1 TL **gemahlene Kurkuma**

1 TL **gemahlener Koriander**

1/2 TL frisch **gemahlener weißer Pfeffer**

3 EL **Erdnussöl**

1 EL geriebener **Palmzucker** oder 1 EL **brauner Zucker**

2 TL **Fischsauce**

4 große **Bananenblattstücke**, zum Einwickeln

Die Ente auf die Bananenblätter legen und darin einwickeln.

Das Paket auf ein Gitter in einem tiefen Backblech legen und heißes Wasser angießen, bis es halb hoch darin liegt.

Den Backofen auf 180 °C vorheizen. Die Ente innen und außen gründlich abspülen, dann mit Küchenpapier trocken tupfen. Die restlichen Zutaten (bis auf die Bananenblätter) verrühren. Die Ente mit etwas von dieser Mischung einreiben, die restliche Mischung in den Vogel geben. Die Körperöffnungen der Ente mit Holzspießchen zustecken.

Ein großes Stück Alufolie auf der Arbeitsfläche ausbreiten und darauf die Bananenblattstücke legen. Die Ente mittig darauflegen und fest in Blätter und Folie wickeln. Das Paket mit Paketschnur oder Küchengarn verschüren. Das Paket auf einem Gitter in das tiefe Backblech setzen. So viel Wasser angießen, dass das Paket halb hoch darin liegt. Das Blech fest mit Alufolie verschließen. Die Ente im heißen Ofen 1 Stunde 30 Minuten garen, dann die Verpackung öffnen, damit die Ente direkt der Hitze ausgesetzt wird. Die Ente weitere 40 Minuten garen, bis sie goldbraun ist.

Die Verpackung entfernen und die Ente tranchieren. Das Fleisch soll jetzt so weich sein, dass es fast von selbst vom Knochen fällt. Die Stücke mit der Füllung servieren. Dazu passt gedämpfter Reis.

Gefüllte Kürbisse

Für 4 Personen

4 **Golden-Nugget-Kürbisse** oder **Hokkaido-Kürbisse** (je etwa 600 g)

2 EL **Öl**

5 Scheiben **Bacon** (Frühstücksspeck), gehackt

1 **Chorizo** (spanische Paprikawurst), grob gehackt

1 **rote Zwiebel**, fein gewürfelt

3 TL **marokkanische Gewürzmischung**

150 g junger **Blattspinat**

200 g **Couscous**

80 g **Pinienkerne**, geröstet

125 g **Cheddar** oder **alter Gouda**, gerieben

1 EL **Schnittlauchröllchen**

Von den Kürbissen jeweils einen Deckel abschneiden, Kerne und das wattige Innere mit einem Löffel entfernen.

In einer Pfanne 1 EL Öl bei starker Hitze heiß werden lassen. Bacon und Chorizo darin 4–5 Minuten braten, bis beides gebräunt ist. Zwiebelwürfel und Gewürzmischung unterrühren; etwa 3 Minuten mitbraten, bis die Zwiebelwürfel weich sind. Den Spinat hinzufügen und in 1 Minute zusammenfallen lassen.

Den Couscous nach Packungsangabe in kochend heißem Wasser quellen lassen, dann mit einer Gabel auflockern. Pfanneninhalt, Pinienkerne, Käse, Salz und Pfeffer aus der Mühle untermischen. Die Mischung in die Kürbisse füllen und die Kürbisdeckel auflegen.

Den Boden eines großen Dämpfkorbs mit Backpapier belegen. In das Papier Löcher stechen. Die Kürbisse in den Korb setzen. Den Korb schließen; in den Wok oder in einen Topf über kochendes Wasser setzen. Die Kürbisse 35–40 Minuten dämpfen, bis sie weich sind. Mit den Deckeln daneben auf Tellern anrichten; mit Schnittlauch bestreuen.

Glasiertes Schweinefilet

Für 4 Personen

3 EL **chinesischer Reiswein**

3 EL **chinesische Grillsauce** (Char-siu-Sauce)

2 EL **Hoisinsauce**

1 EL **Honig**

3 **Knoblauchzehen**, fein gewürfelt

1 EL geriebener frischer **Ingwer**

1 TL **Fünf-Gewürze-Pulver**

1 TL **Sesamöl**

2 kleine **Schweinefilets** (je etwa 300g), halbiert

400g **Pak choi**, halbiert

Den Reiswein in einer Schale mit Grill- und Hoisinsauce, Honig, Knoblauch, Ingwer, Fünf-Gewürze-Pulver und Sesamöl verrühren. Das Fleisch in diese Mischung legen und durch Wenden damit überziehen. Zudecken und über Nacht in den Kühlschrank stellen.

Den Boden eines Dämpfkorbs mit mehreren Lagen Backpapier belegen. Den Boden eines zweiten Korbs mit nur einer Lage Backpapier belegen. In das Papier Löcher stechen. Das Fleisch in den ersten Korb legen. Den Korb schließen und in den Wok oder in einen Topf über kochendes Wasser setzen. Das Schweinefilet 20–25 Minuten dämpfen, dabei regelmäßig mit Marinade beträufeln.

Den Pak choi in den zweiten Korb legen. Den Korb schließen und auf den ersten Korb setzen. Den Pak choi 5 Minuten mitdämpfen. Das Fleisch aus dem Korb nehmen und zudecken. Die restliche Marinade in einen kleinen Topf geben. 1–2 EL Wasser hineinrühren und die Sauce bei starker Hitze in 5 Minuten etwas einkochen lassen.

Die Filets in Scheiben schneiden und mit dem Pak choi auf Tellern oder in Schalen anrichten. Mit der Sauce beträufeln und sofort servieren. Dazu passt Reis.

Fischfilets mit Ofentomaten, Feta und Bohnen

Für 4 Personen

6 **Eiertomaten**, längs halbiert

150 g i**n Öl eingelegter Feta** (Schafskäse), plus 4 EL Einlegöl

2 EL gehackter **Oregano**

1 TL abgeriebene unbehandelte **Zitronenschale**

4 **weißfleischige Fischfilets** (je 200 g), halbiert

250g zarte **grüne Bohnen**

1 Dose **Limabohnen** (400 g), Bohnen abgetropft

80 g **Oliven** (möglichst Taggiasca aus Ligurien)

1 Handvoll **glatte Petersilie**

Den Backofen auf 200 °C vorheizen. Ein Backblech mit Backpapier belegen. Die Tomaten mit den Schnittflächen nach oben darauflegen und mit 1 EL Einlegöl beträufeln. Im heißen Ofen 40 Minuten rösten. Sobald sie weich sind und zu karamellisieren beginnen, herausnehmen und beiseitestellen.

Oregano, Zitronenschale und 2 EL Einlegöl mit Salz und Pfeffer aus der Mühle in einer kleinen Schüssel verrühren. Aus Backpapier vier Quadrate (je 30 x 30 cm) zurechtschneiden. Je 2 Fischfilethälften nebeneinander darauflegen und etwas von der Oreganomischung daraufgeben. Die Filets so in die Papierstücke wickeln, dass keine Flüssigkeit austreten kann. Die Päckchen mit den Nähten nach oben nebeneinander in einen großen Dämpfkorb legen.

Den Korb schließen und in den Wok oder in einen Topf über kochendes Wasser setzen. Die Filets etwa 10–15 Minuten dämpfen, bis man sie mit einer Gabel leicht zerpflücken kann (an einer Stelle testen). Die Päckchen herausheben und auf einen Teller geben. Die grünen Bohnen 7 Minuten dämpfen.

Zum Servieren je 2 Fischfilethälften und 3 halbierte Ofentomaten sowie ein Viertel der grünen Bohnen, der Limabohnen, der Oliven, der Petersilie und des Feta dekorativ auf vier Teller schichten. Mit Garflüssigkeit und dem restlichen Einlegöl beträufeln und schwarzen Pfeffer aus der Mühle darübermahlen.

Kohlrouladen mit Gemüse, Ricotta und Schinken

Für 4 Personen

8 **Weiß- oder Rotkohlblätte**r (siehe Tipp Seite 176)

30 g **Butter**

1 **Stange Lauch**, nur der helle Teil, fein gehackt

150 g **Blumenkohl**, in 1,5 cm große Röschen zerteilt

2 **Knoblauchzehen**, fein gewürfelt

2 **Sardellenfilets**, abgespült, trocken getupft und gehackt

2 TL gehackter **Oregano**

375 g **Ricotta**

50 g **Ziegenfrischkäse**

35 g **Parmesan**, fein gerieben

1 **Ei**

100 g **Tiefkühl-Erbsen**

1 Handvoll **Basilikum**, in Streifen geschnitten

1 TL abgeriebene unbehandelte **Zitronenschale**

8 Scheiben **luftgetrockneter Schinken**

Die Kohlblätter in einen Topf mit kochendem Wasser geben. Das Wasser bei mittlerer Hitze 30–60 Sekunden köcheln lassen, bis die Blätter weicher geworden und kräftig gefärbt sind. Die Blätter herausheben und in Eiswasser legen, dann abgießen und trocken tupfen. Falls nötig, die dicken Mittelrippen entfernen.

Die Butter in einer beschichteten Pfanne bei mittlerer Hitze heiß werden lassen. Lauch und Blumenkohl hineingeben und unter Rühren 5 Minuten garen. Knoblauch, Sardellen und Oregano hinzufügen und das Gemüse weitere 2 Minuten garen, bis die Sardellenfilets geschmolzen sind. Vom Herd nehmen.

Den Ricotta in einer Schüssel mit Ziegenfrischkäse, Parmesan, Ei, Erbsen, Basilikum und Zitronenschale verrühren. Die Lauchmischung hinzufügen und unterrühren. Die Masse mit Salz und Pfeffer aus der Mühle abschmecken.

Auf die Mitte jedes Kohlblatts 1 Scheibe Schinken so legen, dass die längeren Seiten oben und unten sind. Auf die Schinkenscheiben jeweils, ein Drittel vom unteren Rand entfernt, 4 EL von der Ricottamischung geben. Den unteren Rand des Kohlblattes über die Ricottamischung schlagen, dann die Seiten des Blattes nach innen klappen und das Blatt vollständig zu einer etwa 12x6cm großen Roulade aufrollen.

Den Boden eines Dämpfkorbs mit Backpapier belegen. In das Papier Löcher stechen. Die Kohlrouladen nebeneinander in den Korb legen. Den Korb schließen und in den Wok oder in einen Topf über kochendes Wasser setzen. Rouladen etwa 25 Minuten dämpfen, bis sie durchgegart sind. Sofort servieren. Dazu passt Rucolasalat und frisches Brot.

Tipp **Die Kohlblätter lassen sich leicht ablösen, wenn man vorher den ganzen Kohlkopf für 10–20 Sekunden in kochendes Wasser gibt.**

Die Kohlblätter im köchelnden Wasser lassen, bis sie weicher geworden und kräftig gefärbt sind.

Den unteren Rand des Blattes über die Füllung schlagen, dann die Seiten nach innen klappen und das Blatt aufrollen.

Fischfilets mit Rote-Bete-Püree und Dill-Kapern-Butter

Für 4 Personen

30 **Lorbeerblätter**

2 **Rote-Bete-Knollen**, geschält und in 4cm große Stücke geschnitten

3 **festkochende Kartoffeln**, in 4cm große Stücke geschnitten

4 EL **Sahne**

2 TL **Balsamico-Essig**

100g **Butter**

1 unbehandelte **Zitrone**, in Scheiben geschnitten

4 **weißfleischige Fischfilets** (z.B. Barramundi oder Seelachs)

1 TL **Zitronensaft**

3 TL in Salz eingelegte **Kapern** (Nonpareilles), abgespült und ausgedrückt

3 TL gehackte **Dillspitzen**

Den Boden eines großen Dämpfkorbs mit den Lorbeerblättern auslegen. Rote Bete in den Korb geben. Den Korb schließen und in den Wok oder in einen Topf über kochendes Wasser setzen. Die Rüben 20 Minuten dämpfen, dann die Kartoffeln dazugeben und 20 Minuten mitdämpfen, bis sie gar sind.

Rote Bete und Kartoffeln in einen Topf geben und rasch mit Sahne, Essig und 20g Butter zerdrücken. Das Püree abschmecken, zudecken und warm stellen.

Den Boden eines Dämpfkorbs mit Backpapier belegen. In das Papier Löcher stechen. Die Zitronenscheiben darauflegen und die Fischfilets darüberlegen. Den Korb schließen und in den Wok oder in einen Topf über kochendes Wasser setzen. Die Filets etwa 5 Minuten dämpfen, bis sie durchgegart sind. Den Fisch mit dem Püree auf Tellern anrichten.

Inzwischen die restliche Butter (80g) in einer beschichteten Pfanne bei mittlerer bis schwacher Hitze heiß werden lassen. Sobald sie nach etwa 3 Minuten beginnt, Farbe anzunehmen, Zitronensaft, Kapern und Dill unterrühren. Die Dill-Kapern-Butter über Fisch und Püree träufeln. Das Gericht sofort servieren. Dazu passen gedämpfte grüne Bohnen.

Lammhachsen mit Feigen, Auberginen und gedämpftem Couscous

Für 4 Personen

375 g **Couscous**

1 EL **Olivenöl**

20 g **Butter**

4 **Lammhachsen**, jeweils ein Knochenende freigelegt

1 **Zwiebel**, in Ringe geschnitten

2 **Knoblauchzehen**, fein gewürfelt

1 TL **gemahlener Ingwer**

1 TL **gemahlener Kreuzkümmel**

1 TL **edelsüßes Paprikapulver**

1 **Zimtstange**

500 ml **Geflügelfond**

Schale von 1/2 unbehandelten **Zitrone**, in 3 x 5 cm große Streifen geschnitten

1 kleine Handvoll **Koriandergrün**, gehackt

165 g getrocknete **Feigen**, halbiert

2 lange, dünne **Auberginen**, in 1,5 cm große Stücke geschnitten

1 EL **Honig**

30 g **Butter** in Flöckchen

Korianderblätter, zum Garnieren

Geflügelfond, Zitronenschale, Lammhachsen und die Hälfte des Korianders in den Topf geben.

Den Couscous mit einem sauberen Geschirrhandtuch bedecken und 20 Minuten dämpfen.

Den Couscous in eine große flache Schüssel geben und mit Wasser bedecken. Durchrühren, dann sofort in ein Sieb schütten. Den Couscous zurück in die Schüssel geben und 15 Minuten quellen lassen, dann mit einer Gabel auflockern.

Das Öl mit der Butter in einem großen Topf mit schwerem Boden bei mittlerer Hitze heiß werden lassen. Die Lammhachsen darin in 3–4 Minuten rundum anbraten, dann herausnehmen und beiseitelegen. Die Zwiebelringe im Topf in 3 Minuten weich werden lassen. Knoblauch, Ingwer, Kreuzkümmel, Paprikapulver und Zimtstange hinzufügen und 30 Sekunden erhitzen, bis Duft aufsteigt. Geflügelfond, Zitronenschale, Lammhachsen und die Hälfte des Korianders hinzufügen. Das Ganze kräftig mit Salz und Pfeffer aus der Mühle würzen, dann zugedeckt bei schwacher Hitze 1 Stunde schmoren, die Hachsen dabei gelegentlich wenden.

Damit der Couscous über dem Fleisch gedämpft werden kann, ein Sieb mit mehreren Lagen Gaze auskleiden. Um den Topfrand einen breiten Streifen Alufolie legen, damit kein Dampf entweichen kann. Den Couscous in das vorbereitete Sieb geben. Das Sieb auf den Topf setzen und andrücken. Ein Geschirrhandtuch darüberlegen und den Couscous 20 Minuten dämpfen.

Das Sieb vom Topf heben. Feigen, Auberginen und Honig unter den Couscous rühren. Das Sieb wieder auf den Topf setzen, 30 g Butter in Flöckchen, 1/4 TL Salz und 4 EL Wasser zum Couscous geben. Den Couscous mit einer Gabel auflockern, dann unter gelegentlichem Rühren weitere 20 Minuten dämpfen. Überschüssiges Fett abschöpfen, dann den Couscous auf Teller verteilen und die Lammhachsen darauf anrichten. Mit Korianderblättern garnieren und servieren.

Gemüsespieße mit gedämpftem Reis

Für 4 Personen

200 g **Jasminreis**
20 g **Butter**
1 TL **Salz**
3 kleine **Möhren**, schräg in 1 cm dicke Scheiben geschnitten
250 g **Brokkoli**, in 4cm große Röschen zerteilt
16 **Kaffirlimettenblätter**
4 **Mini-Pattisonkürbisse**, halbiert
150 g **Blumenkohl**, in 4 cm große Röschen zerteilt
2 **Zucchini**, schräg in je 4 Stücke geschnitten
1 1/4 EL **rote Thai-Currypaste**
250 ml **Kokoscreme**
125 g **stückige Erdnusscreme**
2 TL geriebener **Palmzucker** oder 2 TL **Zucker**
1 EL **Limettensaft**
2 TL **Fischsauce**
40 g **Mungobohnensprossen**
1 Handvoll **Koriandergrün**
1 Handvoll **Minze**
2 **Frühlingszwiebeln**, schräg in dünne Ringe geschnitten
4 **Eier**, hart gekocht und halbiert

Reis in einem Sieb waschen, bis das ablaufende Wasser klar ist. Mit Butter, Salz und 450 ml Wasser in einen großen Topf geben. 1 Minute sprudelnd kochen, dann bei sehr schwacher Hitze 10 Minuten köcheln lassen. Den Herd abschalten, den Reis zugedeckt darauf 10 Minuten quellen lassen. Mit einer Gabel auflockern.

Auf acht lange Holzspieße Gemüse jeweils in folgender Reihenfolge stecken: Möhre, Brokkoli, Limettenblatt, Kürbis, Blumenkohl, Limettenblatt, Zucchini, Möhre, Brokkoli. Die Spieße in einen großen Dämpfkorb legen. Den Korb schließen und in den Wok oder in einen Topf über kochendes Wasser setzen. Die Gemüsespieße etwa 7 Minuten dämpfen.

Die Currypaste in einem Topf bei schwacher Hitze in 30 Sekunden heiß werden lassen. Kokos- und Erdnusscreme, Zucker, Limettensaft, Fischsauce und 4 EL Wasser hinzufügen und alles unter Rühren erhitzen. Sprossen, Koriander, Minze und Frühlingszwiebeln in einer Schüssel mischen.

Zum Servieren den Reis auf vier Schalen verteilen. Darauf Sprossenmischung, Spieße und Eihälften anrichten; sofort servieren. Die Sauce separat reichen.

Langsam gegarter Lammbraten

Für 4–6 Personen

2 kg **Lammkeule**, Knochen ausgelöst (siehe Tipp)

2 EL **Olivenöl**

1 TL abgeriebene unbehandelte **Zitronenschale**

1 EL **Zitronensaft**

2 EL **Dijonsenf**

2 TL gehackter **Oregano**

4 **Knoblauchzehen**, zerdrückt

60 g **Feta** (Schafskäse)

750 ml **Hühnerbrühe**

Den Backofen auf 160 °C vorheizen. Das Fleisch mit der Hautseite nach unten auf die Arbeitsfläche legen. Das Öl mit Zitronenschale und -saft, Senf, Oregano und Knoblauch verrühren. Die Hälfte dieser Mischung auf das Fleisch streichen und den Feta darüberbröckeln. Das Fleisch fest aufrollen und mit Küchengarn binden.

Den Braten auf einen Rost legen und den Rost in eine ofenfeste Form setzen. Die Brühe in die Form gießen. Die Form locker mit Alufolie bedecken und das Fleisch im heißen Ofen in 1 Stunde 30 Minuten in feuchter Hitze garen lassen.

Die Folie entfernen. Den Braten wenden und mit der restlichen Senfmischung bestreichen, dann offen noch 1 Stunde garen (danach ist das Fleisch medium). Wird ein anderer Gargrad gewünscht, die Garzeit entsprechend verlängern oder verkürzen.

Den Braten aus dem Ofen nehmen, mit Alufolie bedecken und 15 Minuten ruhen lassen. Zum Servieren in Scheiben schneiden und diese mit Garsud beträufeln. Dazu passen Kartoffelpüree und gedämpfte grüne Bohnen.

Tipp **Bitten Sie Ihren Fleischer, die Lammkeule zu entbeinen.**

Hähnchenfleischrollen mit Sahne-Lauch

Für 4 Personen

4 **Hähnchenbrustfilets**

1 EL **körniger Senf**

30 g **Blattspinat**

80g dünne Scheiben **gekochter Schinken**

60 g halbgetrocknete **Tomaten**, fein gehackt

30 g **Butter**

1 **Lauchstange**, nur der helle Teil, in Streifen geschnitten

2 **Knoblauchzehen**, zerdrückt

170 ml **trockener Weißwein**

125 g **Sahne**

Ein Hähnchenbrustfilet auf der Arbeitsfläche zwischen zwei Lagen Frischhaltefolie legen und mit dem Fleischklopfer oder der Teigrolle auf etwa 1,5 cm Dicke flach klopfen. Mit den restlichen Filets ebenso verfahren. Die Filets mit den Unterseiten nach oben auf die Arbeitsfläche legen und mit Senf bestreichen. Spinat und Schinkenscheiben daraufgeben und mit den Tomaten bestreuen. Die Filets vom breiten Ende her fest aufrollen, dann fest in Frischhaltefolie wickeln und die Folienenden zusammendrehen. Anschließend in eine zweite Lage Folie wickeln und auch deren Enden zusammendrehen.

Die Rollen in einen Dämpfkorb legen. Den Korb schließen und in den Wok oder in einen Topf über köchelndes Wasser setzen. Die Rollen 15–20 Minuten dämpfen, bis das Fleisch sich fest anfühlt. Herausnehmen und 5 Minuten ruhen lassen. Die Hähnchenfleischrollen auswickeln und in dicke Scheiben schneiden.

Inzwischen die Butter in einem kleinen Topf bei mittlerer Hitze zerlassen. Lauch und Knoblauch darin unter Rühren in 5 Minuten weich werden lassen. Den Wein dazugießen und auf die Hälfte einkochen lassen. Die Sahne hinzufügen. Die Flüssigkeit aufkochen lassen und rühren, bis sie auf die Hälfte eingekocht ist. Den Sahne-Lauch abschmecken, dann mit den Hähnchenfleischrollen servieren.

Teigtaschen mit Süßkartoffel-Ricotta-Füllung und Rucola-Pesto

Für 4 Personen

250 g **orange Süßkartoffel**, in Stücke geschnitten

1 **Ei**, leicht verquirlt

125 g **Ricotta**

3 EL geriebener **Parmesan**

1 EL **Zitronenthymian**

3 EL **Schnittlauchröllchen**

40 **Gyozablätter** oder 40 ausgestochene **Nudelteigkreise** (je etwa 8 cm Ø)

Rucola-Pesto

15 g **Rucola**, grob gehackt

1 Handvoll **Basilikum**, grob gehackt

50 g **Pinienkerne**

100 g **Ricotta**

2 EL geriebener **Parmesan**

3 EL **Olivenöl**

2 EL **Zitronensaft**

Die Süßkartoffelstücke in einen Dämpfkorb geben. Den Korb schließen und in den Wok oder in einen Topf über kochendes Wasser setzen. Die Süßkartoffelstücke etwa 15 Minuten dämpfen, bis sie weich sind, dann in eine Schüssel füllen und abkühlen lassen. Die abgekühlten Süßkartoffelstücke mit einer Gabel grob zerdrücken. Ei, Ricotta, Parmesan, Thymian und Schnittlauch unter das Süßkartoffelpüree rühren.

Ein Gyozablatt oder einen Nudelteigkreis auf die Arbeitsfläche legen und den Rand mit Wasser einpinseln. 1 EL Füllung auf den Teig geben und so verteilen, dass ein 1 cm breiter Rand frei bleibt. Ein zweites Teigblatt bzw. einen zweiten Teigkreis darauflegen und die Ränder fest zusammendrücken. Die Teigtaschen auf ein mit Backpapier belegtes Tablett legen und mit einem feuchten Küchentuch bedecken. Mit den restlichen Teigblättern und der übrigen Füllung ebenso verfahren. Das Tablett mit den Teigtaschen in den Kühlschrank stellen.

Die Zutaten für das Pesto in der Küchenmaschine oder im Mörser zu einer stückigen Paste verarbeiten.

Ein Viertel der Teigtaschen nebeneinander in einen Dämpfkorb legen. Den Korb schließen und in den Wok oder in einen Topf über köchelndes Wasser setzen. Die Teigtaschen etwa 15 Minuten dämpfen, bis sie weich bzw. gar sind. Die Teigtaschen während des Dämpfens mehrmals großzügig mit Wasser bestreichen. Die gegarten Teigtaschen aus dem Korb nehmen, auf ein Backblech legen und zum Warmhalten mit Alufolie bedecken. Die restlichen Teigtaschen ebenso garen. Auf Tellern anrichten und etwas Pesto daraufgeben.

Tipp **Gyoza-Blätter erhalten Sie im Asienladen. Die Teigtaschen können Sie im Voraus machen, dämpfen sollten Sie sie aber erst direkt vor dem Servieren.**

Ein zweites Gyoza-Blatt auf die Füllung legen und die Ränder fest zusammendrücken.

Die Zutaten für das Pesto zu einer stückigen Paste verarbeiten.

Glasierte Stubenküken

Für 4 Personen

4 **Stubenküken**, abgespült und trocken getupft

1 unbehandelte **Zitrone**, in Spalten geschnitten

8 **Knoblauchzehen**, halbiert

3 EL **Pflaumensauce**

3 EL **Austernsauce**

1 EL **Honig**

4 kleine **rote Chilischoten**, von den Samen befreit, fein gehackt

Den Backofen auf 200 °C vorheizen. Die Stubenküken mit Zitronenspalten und Knoblauch füllen. Die unteren Keulenenden der Vögel mit Küchengarn zusammenbinden.

Die Stubenküken auf ein Gitter und dieses in das tiefe Backblech setzen. So viel Wasser in das Blech gießen, dass sein Boden bedeckt ist. Die Stubenküken locker mit Alufolie bedecken und im heißen Ofen 30 Minuten garen.

Pflaumen- und Austernsauce, Honig und Chili in einer kleinen Schüssel zu einer Marinade verrühren. Die Stubenküken mit dieser Mischung bestreichen, zurück in den Ofen geben und offen 40 Minuten weitergaren, bis sie goldbraun sind und nach dem Einstechen mit einer Messerspitze oder einem Holzspieß farblose Flüssigkeit herausrinnt. Die Vögel während des Garens gelegentlich mit Marinade bestreichen. Zu den Glasierten Stubenküken passen Reis und grüne Bohnen – beides natürlich gedämpft.

Würzige Fleischklößchen in Tomatensauce

Für 4 Personen

80 g frische **Brotkrumen**

3 EL **Milch**

500 g **Kalbshackfleisch** (beim Metzger vorbestellen oder im türkischen Lebensmittelgeschäft)

1 **Knoblauchzehe**, zerdrückt

40 g **Pinienkerne**, geröstet und gehackt

4 Scheiben **durchwachsener Speck**, fein gehackt

2 EL **gehackter** Oregano

2 EL **gehackte** glatte Petersilie

2 **rote Chilischoten**, von den Samen befreit und fein gehackt

1 TL **Salz**

400 g **Papardelle** (breite Bandnudeln)

25 g **Parmesanspäne**

Tomatensauce

2 EL **Olivenöl**

1 **Zwiebel**, fein gewürfelt

1 **Knoblauchzehe**, fein gehackt

1/4 TL **Cayennepfeffer**

2 Dosen **Pizzatomaten** (je 400 g)

1 TL **Zucker**

1 EL **Tomatenmark**

125 ml **trockener Weißwein**

2 große Handvoll **Blattspinat**

Die Fleischklößchen nebeneinander in den Dämpfkorb legen.

Tomaten, Zucker, Tomatenmark und Wein in die Pfanne gießen und die Sauce köcheln lassen.

Die Brotkrumen in einer großen Schüssel mit der Milch übergießen und 10 Minuten einweichen. Hackfleisch, Knoblauch, Pinienkerne, Speck, Oregano, Petersilie, Salz und schwarzen Pfeffer aus der Mühle hinzufügen. Alles mit den Händen zu einem Fleischteig verkneten. Aus dem (recht feuchten) Teig walnussgroße Klößchen formen.

Den Boden eines großen Dämpfkorbs mit Backpapier belegen. In das Papier Löcher stechen. Die Fleischklößchen nebeneinander in den Korb legen. Den Korb schließen und in den Wok oder in einen Topf über kochendes Wasser setzen. Die Klößchen etwa 10 Minuten dämpfen, bis sie durchgegart sind.

Für die Tomatensauce das Öl in einer großen Pfanne bei mittlerer bis starker Hitze heiß werden lassen. Die Zwiebelwürfel darin unter gelegentlichem Rühren in 5 Minuten weich werden und etwas Farbe annehmen lassen. Knoblauch und Cayennepfeffer sowie Salz und Pfeffer (nach Geschmack) hinzufügen und alles 1 Minute rühren.

Tomaten, Zucker, Tomatenmark und Wein dazugießen und alles verrühren. Die Sauce bei schwacher Hitze 15 Minuten unter gelegentlichem Rühren köcheln lassen. Die Fleischklößchen hinzufügen und offen 10 Minuten mitgaren. Die Pfanne vom Herd nehmen und den Spinat unter die Sauce rühren.

Inzwischen die Nudeln in reichlich sprudelnd kochendem Salzwasser nach Packungsangabe bissfest garen. Abgießen und gut abtropfen lassen, dann auf vier Schalen verteilen. Die Sauce mit den Fleischklößchen daraufschöpfen und mit Parmesan bestreuen.

Fleischterrine mit Kräutern und Pistazien

Für 8 Personen

200 g **gekochter Schinken** am Stück, in 1 cm große Würfel geschnitten
500 g **Kalbshackfleisch** (beim Metzger vorbestellen oder im türkischen Lebensmittelgeschäft)
500 g **Hähnchenfleisch**, gehackt
165 g frische **Weißbrotkrumen**
2 EL gehackter **Salbei**
4 EL **Schnittlauchröllchen**
50 g ungesalzene **Pistazienkerne**, grob gehackt
1 TL **Garam masala**
2 TL abgeriebene unbehandelte **Orangenschale**
2 **Knoblauchzehen**, zerdrückt
2 EL **Tomatenmark**

Den Backofen auf 180 °C vorheizen. Eine Kastenform (25 cm lang) mit Backpapier auskleiden.

Alle Zutaten in eine Schüssel geben und zu einem Fleischteig verkneten. Diesen fest in die vorbereitete Form drücken und locker mit Alufolie bedecken.

Die Form in das tiefe Backblech stellen. So viel Wasser in das Blech gießen, dass die Form halb hoch darin steht. Die Terrine 30 Minuten dämpfen, dann die Folie entfernen und die Terrine weitere 30 Minuten garen. Herausnehmen und aus der Form heben.

Soll die Terrine heiß serviert werden, diese sofort aus der Form stürzen, in dicke Scheiben schneiden und dazu einen Salat reichen. Wenn sie kalt serviert werden soll, die Terrine in der Form auskühlen lassen, dann auf eine Servierplatte stürzen.

Kartoffelgnocchi mit Spinat, Orange und Pinienkernen

Für 4 Personen

Gnocchi

500 g große mehligkochende **Kartoffeln**

100 g **Mehl**

2 EL **Olivenöl**

30 g **Butter**

abgeriebene Schale und Saft von 1 kleinen unbehandelten **Orange**

125 g **Blattspinat**

3 EL **Pinienkerne**, geröstet

Parmesanspäne, zum Anrichten

Für die Gnocchi die ungeschälten Kartoffeln in etwa zitronengroße Stücke schneiden. Die Stücke nebeneinander in einen Dämpfkorb legen. Den Korb schließen und in den Wok oder in einen Topf über kochendes Wasser setzen. Die Kartoffeln 25–30 Minuten dämpfen, bis sie gar sind, aber nicht auseinanderfallen. In eine Schüssel geben und abkühlen lassen, dann locker mit Frischhaltefolie bedecken und für 4 Stunden oder über Nacht kalt stellen. Das Kühlen ist wichtig, damit der Gnocchiteig trocken und locker wird.

Die Kartoffeln schälen. Die Kartoffeln in einer großen Schüssel mit dem Kartoffelstampfer zerdrücken oder durch die Kartoffelpresse in die Schüssel geben (auf keinen Fall im Mixer oder in der Küchenmaschine pürieren, das Püree würde klebrig und der Teig zu fest werden). Eine gute Prise Salz und die Hälfte des Mehles hinzufügen und alles leicht mit den Händen verkneten. Sobald der Kartoffelteig beginnt zu binden, das restliche Mehl dazugeben und alles zu einem feuchten, aber nicht mehr klebrigen Teig verarbeiten. Den Teig auf eine bemehlte Arbeitsfläche geben und kneten, bis er glatt ist, dann 5 Minuten ruhen lassen.

Ein Drittel des Teiges mit den Händen zu einer langen, etwa daumendicken Rolle formen. Diese in 3 cm lange Stücke schneiden. Die Stücke können Sie noch zu eiförmigen Klößchen rollen. Mit dem restlichen Teig ebenso verfahren.

Olivenöl, Butter, Orangenschale und -saft in einer großen Pfanne bei mittlerer Hitze heiß werden lassen, bis die Butter schmilzt. Vom Herd nehmen; beiseitestellen.

Den Boden eines Dämpfkorbs mit Backpapier belegen. In das Papier Löcher stechen. Die Hälfte der Gnocchi nebeneinander in den Korb geben. Korb schließen und in Wok oder Topf über kochendes Wasser setzen. Gnocchi 5 Minuten dämpfen, bis sie gar sind. Gnocchi mit bemehlten Händen in die Pfanne geben und durch Rühren mit der Orangen-Butter-Sauce überziehen. Restliche Gnocchi ebenso zubereiten.

Den Spinat zu den Gnocchi in die Pfanne geben. Alles bei starker Hitze rühren, bis der Spinat zusammengefallen ist. Pinienkerne hinzufügen und das Gericht mit Salz und schwarzem Pfeffer aus der Mühle abschmecken, dann mit Parmesanspänen bestreuen und sofort servieren.

Tipp

Sie können die Gnocchi im Voraus dämpfen. In diesem Fall zum Abkühlen auf einem Tablett ausbreiten und später in der Orangen-Butter-Sauce aufwärmen.

Den Teig auf einer bemehlten Arbeitsfläche kneten, bis er glatt ist.

Den Teig portionsweise zu einer Rolle formen und diese in kurze Stücke schneiden.

Ente und Kokosreis im Bananenblatt

Für 4 Personen

300 g **Basmatireis**
250 ml **Kokoscreme**
8 **Bananenblattstücke** (je 25 x 25 cm)
2 **Entenbrustfilets** (je etwa 300 g), gewürzt und knusprig gebraten
2 **rote Chilischoten**, von den Samen befreit, in Streifen geschnitten
1 große Handvoll **Korianderblätter**
3 EL **Sojasauce**
2 TL geriebener **Palmzucker** oder 2 TL **Zucker**
1 EL geriebener frischer **Ingwer**
6 **Frühlingszwiebeln**, jeweils in 3 Stücke geschnitten

Zum Anrichten

2 kleine **rote Chilischoten**, von den Samen befreit und in Streifen geschnitten
1 große Handvoll **Korianderblätter**
30 g Röstzwiebeln (Fertigprodukt)
1 TL **Sesamöl**
1 **Limette**, in Schnitze geschnitten

Den Reis in einem Topf mit der Kokosmilch und 375 ml Wasser verrühren. Aufkochen, dann bei schwacher Hitze 15–20 Minuten köcheln lassen, bis der Reis gar ist und die Flüssigkeit aufgenommen hat. Die Bananenblätter 1 Minute in kochendem Wasser weich werden lassen.

Die knusprige Haut von den Entenbrüsten lösen. Haut und Fleisch in Streifen schneiden. Die Streifen in einer Schüssel mit Chili, Koriander, Sojasauce, Zucker und Ingwer mischen.

Ein Achtel des Kokosreis auf ein Stück Bananenblatt geben, darauf ein Achtel Entenmischung anrichten und darüber zwei Stücke Frühlingszwiebel legen. Das Blatt über der Füllung zusammenfalten und das Päckchen mit Holzstäbchen verschließen. Auf diese Weise sieben weitere Päckchen herstellen.

Den Boden eines Dämpfkorbs mit Backpapier belegen. In das Papier Löcher stechen. Die Päckchen nebeneinander in den Korb legen. Den Korb schließen und in den Wok oder in einen Topf über kochendes Wasser setzen. Die Päckchen etwa 15 Minuten dämpfen, bis die Füllung heiß ist. Die Päckchen öffnen. Chili, Koriander, Zwiebeln und Sesamöl verrühren. Die Päckchen mit Limettenschnitzen auf Tellern anrichten und die Chilimischung daraufgeben.

Gefüllter Putenrollbraten

Für 4 Personen

1 ganze **Putenbrust** mit Haut (etwa 1 kg)

2 **Knoblauchzehen**, zerdrückt

4 Scheiben **luftgetrockneter Schinken**

1 **Mango**, gewürfelt

6 **Salbeiblätter**

1 **Rosmarinzweig**, in Stückchen zerkleinert

25 g **Butter**, in Stückchen

2 EL **Olivenöl**

375 ml **Geflügelfond**

1 EL **Mehl**

Den Backofen auf 200 °C vorheizen. Die Putenbrust mit der Hautseite nach unten auf die Arbeitsfläche legen. Die inneren Filets zur Seite drücken, aber nicht abscheiden. Das Putenbrustfleisch mit einer zerdrückten Knoblauchzehe einreiben, dann mit Schinken belegen und darauf mittig Mango, Salbei, Rosmarin, Butter und etwas Pfeffer aus der Mühle geben. Die Putenbrust so aufrollen, dass das Fleisch die Füllung umschließt und die Hautseite außen ist. Die Rolle mit Rouladennadeln zusammenstecken. Anschließend die Putenbrust mit Küchengarn so umwickeln, dass eine gleichmäßige Rolle entsteht.

In einer Schüssel 1 EL Olivenöl mit der zweiten zerdrückten Knoblauchzehe verrühren. Den Rollbraten damit rundherum einreiben und mit frisch gemahlenem schwarzem Pfeffer bestreuen.

Das restliche Öl (1 EL) in einer Pfanne bei starker Hitze heiß werden lassen. Das Fleisch darin rundum kräftig anbraten und anschließend in einen Bratschlauch geben. 125 ml Geflügelfond hinzufügen und den Schlauch fest verschließen. Auf ein Backblech legen. Fleisch im heißen Dampf im Schlauch 1 Stunde garen. Aus dem Bratschlauch nehmen und 10–15 Minuten ruhen lassen.

Die Garflüssigkeit aus dem Bratschlauch in einen kleinen Topf gießen; aufkochen lassen, das Mehl hinzufügen und alles 2–3 Minuten bei starker Hitze verrühren. Restlichen Fond dazugeben. Die Sauce aufkochen, dann bei schwacher Hitze 3 Minuten köcheln lassen, bis sie angedickt ist. Das Fleisch in Scheiben schneiden und diese mit der Sauce anrichten.

Penne mit buntem Gemüse, Pilzen und Pesto

Für 4 Personen

Pesto

200 g **Basilikumblätter**
80 g **Pinienkerne**
1 **Knoblauchzehe**, grob gehackt
30 g **Pecorino** (siehe Tipp) mit Pfeffer, gerieben, mehr zum Servieren
1 **rote Chilischote**, von den Samen befreit, grob gehackt
185 ml **Olivenöl**

200 g **Brokkoli**, in Röschen zerteilt
100 g **Champignons**, in Scheiben geschnitten
1 **Möhre**, in sehr dünne Streifen geschnitten
175 g **grüner Spargel**, in 2 cm lange Stücke geschnitten, die harten Enden entfernt
400 g **Penne** (kurze Röhrennudeln)
1/2 **rote Paprikaschote**, in sehr dünne Streifen geschnitten

Für das Pesto Basilikum, Pinienkerne, Knoblauch, Pecorino und Chili in der Küchenmaschine fein zerkleinern. Bei laufendem Motor das Öl in dünnem Strahl dazugeben und alles zu einer glatten Paste verarbeiten. Das Pesto abschmecken.

Den Boden eines Dämpfkorbs mit Backpapier belegen. In das Papier Löcher stechen. Brokkoliröschen, Pilzscheiben, Möhrenstreifen und Spargelstücke in einer Schicht in den Korb geben.

Den Korb schließen und in den Wok oder in einen Topf über köchelndes Wasser setzen. Gemüse und Pilzscheiben 4–5 Minuten dämpfen, bis alles knapp gar ist.

Inzwischen die Nudeln nach Packungsangabe in einem Topf in reichlich sprudelnd kochendem Salzwasser bissfest garen. Abgießen, abtropfen lassen und wieder in den Topf geben. Den Inhalt des Dämpfkorbs, die Paprikastreifen und das Pesto hinzufügen und alles gut mischen. Heiß oder kalt servieren, nach Belieben geriebenen Pecorino zum Bestreuen dazu reichen.

Tipp **Pecorino ist ein italienischer Hartkäse aus Schafsmilch. Sollten Sie Pecorino pipato (Pecorino mit Pfefferkörnern) nicht bekommen, können Sie ebenso gut ungewürzten Pecorino oder auch Parmesan verwenden.**

Muscheln mit Wasabi-Butter

Für 4–6 Personen

1,5 kg **Venusmuscheln**

24 **Miesmuscheln** (siehe Tipp Seite 215)

24 ausgelöste **Austern** auf den unteren Schalenhälften

Zitronen- oder **Limettenschnitze**, zum Anrichten

Wasabi-Butter

250 g weiche **Butter**

3–4 EL **Wasabi-Pulver** (japanisches grünes Meerrettichpulver)

2 EL japanische **Sojasauce**

1 EL gehackte **Limettenschale**

2 EL **Limettensaft**

2 EL **Schnittlauchröllchen**

1 EL in dünne Streifen geschnittenes **Basilikum**

1 EL gehacktes **Koriandergrün**

1 EL gehackte **Thymianblättchen**

1/4 TL **geräuchertes Paprikapulver**

Die Venusmuscheln mit **kaltem Wasser** bedecken, damit der Sand entfernt wird.

Die Meeresfrüchte dämpfen, bis die **Austern** durchgewärmt sind und sich die **Muscheln** geöffnet haben.

Die Venusmuscheln in eine große Schüssel geben und mit kaltem Wasser bedecken. Insgesamt 2–4 Stunden wässern, dabei das Wasser stündlich wechseln. Auf diese Weise wird der Sand aus den Muscheln restlos entfernt.

Die Miesmuscheln kräftig abbürsten, dabei die Bärte entfernen. Beschädigte Muscheln und solche, die sich nicht schließen, wenn man daraufklopft, wegwerfen. Die Muscheln vor dem Dämpfen gründlich mit kaltem Wasser abspülen.

Für die Wasabi-Butter die Butter mit den Quirlen des elektrischen Handrührgeräts cremig schlagen, bis sie fast weiß ist. Die restlichen Zutaten dazugeben und alles zu einer glatten Creme rühren. Die Wasabi-Butter zudecken und bis zur Verwendung in den Kühlschrank stellen.

Die Austern, die Miesmuscheln und die abgegossenen Venusmuscheln in einer Schicht in einen großen Dämpfkorb geben. Den Korb schließen und in den Wok oder in einen Topf über kochendes Wasser setzen. Die Meeresfrüchte 5–10 Minuten dämpfen, bis die Austern durchgewärmt sind und die Muscheln sich geöffnet haben. Ungeöffnete Exemplare wegwerfen.

Die Wasabi-Butter in einem kleinen Topf bei mittlerer Hitze zerlassen. Die gegarten Meeresfrüchte in Portionsschalen anrichten. Wasabi-Butter in ein Kännchen füllen und zum Beträufeln dazu reichen. Dazu passen Limetten- oder Zitronenschnitze und Blattsalat. Brot zum Auftunken der buttrigen Sauce nicht vergessen.

Tipp **Miesmuscheln nicht in Wasser aufbewahren, darin würden sie verwässern. Stattdessen mit einem feuchten Tuch bedecken und in den Kühlschrank geben. So halten sie maximal einen Tag.**

Schweinebraten mit Quitten

Für 6 Personen

1 **Kotelettbraten** vom Schwein (6 Rippen)

2 EL **Olivenöl**

1 **Zwiebel**, fein gewürfelt

1 große **Möhre**, längs halbiert, die Hälften in 2 cm breite Scheiben geschnitten

2 **Knoblauchzehen**, fein gewürfelt

250 ml **trockener Weißwein**

2 **Quitten**, geschält und geviertelt

1 EL **Oregano**

500 ml **Geflügelfond**

1 EL **Dijonsenf**

60 g weiche **Butter**

3 EL **Mehl**

Den Backofen auf 150 °C vorheizen. Das Fleisch von sichtbaren Fett befreien und mit Salz und Pfeffer aus der Mühle würzen. Das Öl in einem großen ofenfesten Schmortopf heiß werden lassen. Das Fleisch darin rundherum anbraten, dann herausnehmen. Zwiebelwürfel und Möhrenstücke in den Topf geben und bei mittlerer Hitze unter häufigem Rühren braten, bis die Zwiebelwürfel Farbe angenommen haben. Den Knoblauch hinzufügen. 30 Sekunden rühren, dann Wein, Quittenviertel, Oregano und Geflügelfond dazugeben. Das Fleisch wieder in den Topf legen und die Flüssigkeit aufkochen lassen. Den Deckel auflegen und das Fleisch im heißen Ofen 1 Stunde 45 Minuten schmoren, bis es durchgegart und weich ist.

Braten aus dem Topf nehmen, in Alufolie wickeln und ruhen lassen. Die Sauce entfetten und den Senf unterrühren.

Die Butter mit dem Mehl verkneten. Die Mehlbutter nach und nach bei mittlerer Hitze unter die Sauce rühren, bis die Flüssigkeit andickt.

Den Schweinebraten mit einem großen scharfen Messer in die einzelnen Koteletts teilen. Mit den Quitten und der Sauce servieren. Dazu passt Kartoffelpüree.

Reispfanne mit Huhn & Meeresfrüchten

Für 6 Personen

3 EL **Olivenöl**

300 g **Hähnchenkeulen**, ausgelöst und in 2 cm große Würfel geschnitten

1 **Zwiebel**, fein gewürfelt

2 **Knoblauchzehen**, fein gewürfelt

1 **Selleriestange**, fein gewürfelt

1 **rote Paprikaschote**, fein gewürfelt

1 TL **geräuchertes Paprikapulver**

1/4 TL frisch gemahlener **weißer Pfeffer**

1/4 TL frisch gemahlener **schwarzer Pfeffer**

1/4 TL **Cayennepfeffer**

1/2 TL getrockneter **Thymian**

1/2 TL getrocknetes **Basilikum**

400 g **Langkornreis**

1 l **Hühnerbrühe** oder **Geflügelfond**

1 Dose **Pizzatomaten** (400 g)

2 **Lorbeerblätter**

400 g kleine rohe **Garnelen**, geschält und entdarmt

200 g küchenfertige **Kalmartuben**, in 4 x 3 cm große Stücke geschnitten und diese rautenförmig ein-, aber nicht durchgeschnitten (siehe Foto links)

2 EL **Zitronensaft**

3 EL gehackte **Petersilie**

2 **Frühlingszwiebeln**, nur die grünen Teile, in dünne Ringe geschnitten

Tabascosauce, zum Servieren

Zitronenschnitze, zum Servieren

Das Öl in einer großen Pfanne oder Paellapfanne bei mittlerer Hitze heiß werden lassen. Das Hähnchenfleisch darin portionsweise jeweils 2–3 Minuten rundherum anbraten, dann herausnehmen und beiseitestellen. Zwiebel, Knoblauch, Sellerie, Paprika, Gewürze und Kräuter hinzufügen und mitbraten, bis das Gemüse Farbe angenommen hat.

Den Reis hinzufügen. 1–2 Minuten rühren, bis die Reiskörner rundum von den Gewürzen überzogen sind und glänzen. Brühe oder Fond, Tomaten und Lorbeerblätter dazugeben und alles behutsam verrühren. Aufkochen, dann den Reis bei schwacher Hitze 15–20 Minuten zugedeckt quellen lassen, bis er den Großteil der Flüssigkeit aufgenommen hat.

Garnelen, Kalmar- und Fleischstücke auf den Reis legen. Zugedeckt in der feuchten Hitze 10 Minuten gar ziehen lassen, bis der Reis die gesamte Flüssigkeit aufgenommen hat. Den Topf vom Herd nehmen. Das Gericht 5 Minuten ruhen lassen, dann behutsam durchrühren. Mit dem Zitronensaft beträufeln und mit Petersilie und Frühlingszwiebelringen bestreuen. Sofort mit Tabascosauce und Zitronenschnitzen servieren.

Zwiebel, Knoblauch, Sellerie, Paprika, Gewürze und Kräuter in die Pfanne geben. Mitbraten, bis das Gemüse Farbe angenommen hat.

Garnelen, Kalmar- und Fleischstücke auf den Reis legen.

Geschmorte Lammkeule mit Wacholderbeeren

Für 6 Personen

1 EL **Olivenöl**

1 **Zwiebel**, fein gewürfelt

2 **Knoblauchzehen**, fein gewürfelt

1 **Möhre**, gewürfelt

1 **Selleriestange**, gewürfelt

2 **Lorbeerblätter**

300 ml **trockener Weißwein**

125 ml **Geflügelfond**

30–40 **Wacholderbeeren**

1 TL gehackter **Rosmarin**

1 **Lammkeule** (etwa 1,5 kg)

1 EL **Balsamico-Essig**

Das Öl in einem großen Topf mit schwerem Boden bei mittlerer Hitze heiß werden lassen. Zwiebel, Knoblauch, Möhre und Sellerie darin unter Rühren 5 Minuten braten, bis alles etwas Farbe angenommen hat.

Lorbeerblätter, Wein, Fond, Wacholderbeeren, Rosmarin und Fleisch dazugeben und die Flüssigkeit aufkochen. Bei schwacher Hitze 2 Stunden 30 Minuten garen, bis das Fleisch so weich ist, dass es vom Knochen fällt.

Das Fleisch aus dem Topf nehmen und zum Warmhalten mit Alufolie bedecken. Den Essig in den Topf geben und die Sauce bei mittlerer Hitze auf die gewünschte Konsistenz einkochen lassen. Die Lammkeule in Scheiben schneiden und mit der Sauce servieren.

Kalmare mit Fisch-Spinat-Füllung

Für 4 Personen

50 g **Blattspinat**
250 g weißes **Fischfilet**, ohne Haut
1 **Ei**
3 EL **Crème double**
1 EL **Tomatenmark**
1 EL **Zitronensaft**
2 **Knoblauchzehen**, grob gewürfelt
4 rohe **Garnelen**, geschält und entdarmt, grob gehackt
8 kleine küchenfertige **Kalmartuben** (je etwa 15 cm lang)
1 EL in Streifen geschnittenes **Basilikum**
Zitronenschnitze, zum Servieren

Sauce

1 EL bestes **Olivenöl**
2 **Knoblauchzehen**, zerdrückt
200 ml **trockener Weißwein**
1 **Lorbeerblatt**
1/2 TL gekörnte **Instant-Brühe**
1 große **Tomate,** gehäutet, von den Samen befreit, fein gewürfelt
1 EL **Sahne**
einige Tropfen **Tabasco** (nach Geschmack)

Spinat waschen. Tropfnass bei schwacher Hitze in einen Topf geben und unter Rühren zusammenfallen lassen; herausnehmen und gut ausdrücken. Mit Fisch, Ei, Crème double, Tomatenmark, Zitronensaft und Knoblauch in die Küchenmaschine geben und 5 Minuten pürieren, bis eine glatte Paste entstanden ist. Die gehackten Garnelen unterrühren und die Füllung abschmecken. Die Masse mit dem Spritzbeutel oder einem Löffel in die Kalmartuben geben – sie dürfen höchstens zu zwei Dritteln gefüllt werden, weil die Tuben beim Dämpfen schrumpfen. Öffnungen mit Holzspießchen verschließen. Tuben nebeneinander auf einen Teller legen, der in den Dämpfkorb passt. Teller in den Korb setzen. Korb schließen und in Wok oder Topf über kochendes Wasser setzen. Tuben etwa 25 Minuten dämpfen.

Für die Sauce das Öl in einem Topf bei mittlerer Hitze heiß werden lassen. Den Knoblauch darin 1 Minute dünsten, bis Duft aufsteigt. Wein, Lorbeer und Instant-Brühe hinzufügen. Aufkochen, dann bei schwacher Hitze 5 Minuten köcheln lassen, bis die Flüssigkeit um ein Viertel reduziert ist. Tomatenwürfel hinzufügen und 5 Minuten garen, dann Sahne und Tabasco unter die Sauce rühren. Die Sauce abschmecken und auf Teller verteilen. Die Kalmartuben in Scheiben darauf anrichten und mit Basilikum bestreuen. Mit Zitronenschnitzen servieren.

Cannelloni mit Rucola-Ricotta-Füllung

Für 4 Personen

1 EL **Olivenöl**
3 **Frühlingszwiebeln**, fein gehackt
100 g **Rucola**, fein gehackt
350 g **Ricotta**
2 **Eigelb**
50 g **Parmesan**, fein gerieben
8 **Lasagneblätter**, halbiert

Salbeibutter

60 g **Butter**
10 g **Salbeiblätter**
2 **Knoblauchzehen**, in dünne Scheiben geschnitten
2 TL **Zitronensaft**

Den Boden eines großen Dämpfkorbs mit Backpapier belegen. In das Papier Löcher stechen. Das Öl in einer Pfanne bei mittlerer Hitze heiß werden lassen. Die Frühlingszwiebeln darin mit etwas Salz und schwarzem Pfeffer aus der Mühle 5 Minuten dünsten. Den Rucola unterrühren und zusammenfallen lassen, dann die Pfanne vom Herd nehmen und den Inhalt etwas abkühlen lassen.

Inzwischen Ricotta, Eigelbe und Parmesan in einer Schüssel verrühren. Die abgekühlte Zwiebel-Rucola-Mischung hinzufügen und untermischen.

Lasagneblätter (evtl. portionsweise) in sprudelnd kochendem Salzwasser bissfest garen. Herausnehmen und nebeneinander auf der Arbeitsfläche ausbreiten.

Jedes Lasagneblatt unten mit 2 EL Füllung belegen und zu einer Rolle formen – die Blätter vorsichtig aufrollen, damit die Füllung nicht herausquillt. Die Cannelloni nebeneinander in den Dämpfkorb legen und mit etwas Wasser bestreichen. Den Korb schließen und in den Wok oder in einen Topf über kochendes Wasser setzen. Die Cannelloni 15 Minuten dämpfen, bis die Füllung heiß ist.

Inzwischen für die Salbeibutter die Butter in einem kleinen Topf bei mittlerer Hitze zerlassen. Die Salbeiblätter darin 2 Minuten braten, bis sie knusprig sind und die Butter braun ist. Knoblauch und Zitronensaft unterrühren und den Topf sofort vom Herd nehmen. Die Salbeibutter mit Salz und Pfeffer abschmecken.

Jeweils zwei Cannelloni pro Person auf einen Teller verteilen und die Salbeibutter mit einem Löffel darübergeben. Sofort servieren.

Cremesuppe mit Fisch und Garnelen

Für 6 Personen

400 g **Räucherfisch** (z. B. Forelle)
750 ml **Milch**
400 g feste **weißfleischige Fischfilets**
3 festkochende **Kartoffeln**, in 1 cm große Würfel geschnitten
12 kleine rohe **Garnelen**, geschält und entdarmt
3 EL **Olivenöl**
3 **Lauchstangen**, nur die hellen Teile, fein gehackt
2 **Knoblauchzehen**, zerdrückt
1 **Selleriestange**, gewürfelt
1 **Möhre**, gewürfelt
1 **Zucchini**, gewürfelt
125 ml **trockener Weißwein**
2 l **Fischfond**
2 **Lorbeerblätter**
60 g **Butter**
100 g **Mehl**
gehackte **Petersilie**, zum Bestreuen

Räucherfisch mit 125 ml Milch auf einen Teller geben und mit Alufolie bedecken. Den Teller in einen Dämpfkorb setzen. Den Korb schließen und in den Wok oder in einen Topf über kochendes Wasser setzen. Den Fisch 10 Minuten dämpfen. Den Teller herausnehmen, die Milch in ein Kännchen füllen und beiseitestellen.

Die Fischfilets in Backpapier wickeln, in den Korb legen und 10 Minuten dämpfen. Räucherfisch und Fischfilets zerpflücken. Die Kartoffeln 5 Minuten dämpfen, dann die Garnelen dazugeben und alles weitere 3 Minuten dämpfen.

In einem Topf 1 EL Öl bei mittlerer Hitze heiß werden lassen. Lauch, Knoblauch, Sellerie, Möhre und Zucchini darin unter Rühren 3–4 Minuten dünsten. Den Wein dazugießen und 5 Minuten kochen lassen, bis die Möhrenstücke weich sind.

Fischfond und Lorbeerblätter in einem Topf bei starker Hitze aufkochen, dann bei mittlerer Hitze 10 Minuten köcheln lassen, bis die Flüssigkeit um ein Drittel eingekocht ist, dabei den Schaum von der Oberfläche abschöpfen.

Butter mit restlichem Öl (2 EL) in einem großen Topf bei mittlerer Hitze heiß werden lassen. Das Mehl darin 1 Minute anschwitzen. Vom Herd nehmen und nach und nach unter ständigem Schlagen mit einem Schneebesen die beiseitegestellte Milch, den eingekochten Fischfond und die restliche Milch hinzufügen. Wieder auf den Herd stellen. Flüssigkeit unter ständigem Rühren aufkochen und andicken lassen. Fisch, Garnelen, Kartoffeln und Gemüsemischung hinzufügen und heiß werden lassen. Suppe herzhaft abschmecken. Mit Petersilie bestreuen und servieren.

Entenbrust auf orientalische Art

Für 4 Personen

4 **Entenbrustfilets**

3 EL **Olivenöl**

1/2 **Zwiebel**, fein gewürfelt

100 g **Walnusskerne**, grob gehackt

250 ml **Geflügelfond**

1 1/4 EL **Granatapfelkonzentrat** (siehe Tipp Seite 232)

1 EL **Zitronensaft**

2 1/2 TL **Zucker**

60 g **Brunnenkresse**, von groben Stängeln und Stielen befreit

1 große Handvoll **Petersilienblätter**

1/2 **rote Zwiebel**, in dünne Ringe geschnitten

2 EL **Honig**

1/2 TL **Ras el Hanout** (siehe Tipp Seite 232)

2 EL gehackte **Korianderblätter**

Dressing

1 1/2 EL **Zitronensaft**

3 EL bestes **Olivenöl**

1 **Knoblauchzehe**, zerdrückt

Die Haut der Entenbrustfilets in Abständen von 1 cm rautenförmig einschneiden; mit Salz bestreuen. Die Filets nebeneinander auf einen Teller legen, der in den Dämpfkorb passt. Den Korb schließen und in den Wok oder in einen Topf über köchelndes Wasser setzen. Die Filets je nach Dicke und gewünschtem Gargrad 10–15 Minuten dämpfen – das gegarte Fleisch sollte innen noch rosa sein –, dann herausnehmen und beiseitelegen.

In einem Topf 2 EL Öl bei mittlerer Hitze heiß werden lassen. Die Zwiebelwürfel darin unter Rühren in 5 Minuten glasig werden lassen. Die gehackten Nüsse hinzufügen. 2 Minuten rühren, bis die Stücke rundum von Fett überzogen sind, dann den Fond dazugießen. Aufkochen, dann bei schwacher Hitze 15–20 Minuten köcheln lassen. Das Granatapfelkonzentrat, den Zitronensaft und den Zucker dazugeben und das Ganze mit dem Stabmixer oder im Mixer pürieren. Die Sauce unter Rühren 1–2 Minuten kochen lassen, bis sie mayonnaisenartig eingedickt ist.

Die Zutaten für das Dressing mit einem Schneebesen verrühren. Das Dressing mit Brunnenkresse, Petersilie und Zwiebelringen in eine Schüssel geben und alles gut mischen.

Den Honig in einem kleinen Topf mit dem Ras el Hanout sanft erhitzen. Das restliche Öl (1 EL) in einer Pfanne bei mittlerer Hitze heiß werden lassen. Die Entenbrustfilets mit den Hautseiten nach unten darin 3–4 Minuten braten, bis das Fett austritt und die Haut knusprig braun ist. Die Filets aus der Pfanne nehmen und das ausgetretene Fett abgießen. Die Filets auf beiden Seiten mit dem gewürzten Honig bestreichen, wieder in die Pfanne geben und auf jeder Seite noch 1 Minute braten.

Die Entenbrustfilets einige Minuten ruhen lassen, dann in Scheiben schneiden. Die Nusssauce auf vier Teller verteilen. Das Fleisch darauf anrichten und mit dem Brunnenkressesalat servieren.

Tipps

Bei Granatapfelkonzentrat handelt es sich um zu dickflüssigem Sirup eingekochten Granatapfelsaft (nicht zu verwechseln mit Grenadine). Sie finden es im Orientladen oder in türkischen Lebensmittelgeschäften (dort heißt es Nar eksisi). Ras el Hanout ist eine nordafrikanische Gewürzmischung. Sollte sie nicht erhältlich sein, können Sie ersatzweise Garam masala verwenden.

Die Haut der Entenbrustfilets mit einem scharfen Messer rautenförmig einschneiden.

Entenbrustfilets braten, bis das Fett ausgetreten und die Haut knusprig braun ist.

Schwertfisch mit Risoni und Kräuterpesto

Für 6 Personen

400 g **Risoni** oder **Orzo** (reiskornförmige Nudeln)

2 EL **Olivenöl**

2 TL abgeriebene unbehandelte **Zitronenschale**

6 **Schwertfischsteaks** (je 175 g), horizontal halbiert

100 g **Blattspinat**

1 **Zitrone**, in Spalten geschnitten

Kräuterpesto

1 große Handvoll **Basilikum**

1 große Handvoll **Petersilie**

50 g **Blattspinat**

50 g **Pistazienkerne**

40 g **Parmesan**, zerbröckelt

2 **Knoblauchzehen**, gewürfelt

1 EL abgeriebene unbehandelte **Zitronenschale**

4 EL **Olivenöl**

Nudeln mit 1 EL Olivenöl und knapp 1,25 l Wasser in einen Topf geben; Deckel auflegen. Wasser aufkochen, dann bei sehr schwacher Hitze 12 Minuten köcheln lassen, bis die Nudeln gerade eben bissfest sind und kaum noch Flüssigkeit im Topf ist. Die Nudeln in eine große Schüssel füllen und warm halten.

Die Zitronenschale in einer Schüssel mit dem restlichen Olivenöl (1 EL) sowie Salz und Pfeffer aus der Mühle zu einer Marinade verrühren. Den Fisch darin wenden, dann zudecken und durchziehen lassen.

Inzwischen für das Pesto alle Zutaten bis auf das Öl in die Küchenmaschine geben. In Intervallen nicht zu fein pürieren. In eine Schüssel füllen und das Öl unterrühren. Pesto mit Salz und Pfeffer aus der Mühle abschmecken, dann unter die Nudeln mischen. Den Spinat unterheben – die Blätter fallen durch die Wärme der Nudeln zusammen. Das Ganze abschmecken und warm halten.

Den Boden eines Dämpfkorbs mit Backpapier belegen. In das Papier Löcher stechen. Fischfilets nebeneinander in den Korb legen. Korb schließen und den Fisch 8–10 Minuten dämpfen, dann herausnehmen und 2 Minuten ruhen lassen.

Die Nudeln auf Teller verteilen und je zwei Fischfilets darauf anrichten. Pfeffer darübermahlen und das Gericht mit Zitronenspalten servieren.

Möhren-Pastinaken-Roulade

Für 6 Personen

2 kleine **Möhren**, in Stücke geschnitten

1 **Pastinake**, in Stücke geschnitten

20 g **Butter**

10 **Salbeiblätter**, grob gehackt

1 EL grob gehackte **Petersilie**

4 **Eier**, getrennt

50 g **Parmesan**, fein gerieben

250 g **Ricotta**

2 EL **Schnittlauchröllchen**

Eine flache ofenfeste Form (33 x 25 cm) dünn fetten und mit Backpapier auskleiden. Den Backofen auf 190 °C vorheizen.

Möhren- und Pastinakenstücke nebeneinander in einen Dämpfkorb legen. Den Korb schließen und in den Wok oder in einen Topf über kochendes Wasser setzen. Das Gemüse 20 Minuten dämpfen, bis es weich ist. Mit Butter, Salbei und Petersilie in die Küchenmaschine geben und glatt pürieren. Die Eigelbe sowie Salz und Pfeffer aus der Mühle hinzufügen und untermixen. Die Mischung in eine große Schüssel umfüllen.

In einer zweiten (fettfreien) Schüssel die Eiweiße zu Schnee schlagen. Ein Viertel des Eischnees mit einem großen Metalllöffel unter die Möhrenmischung heben, dann den Rest hinzufügen und behutsam unterrühren, bis der Eischnee gerade eben untergemischt ist. Die Masse in die vorbereitete Form füllen und glatt streichen. Im Ofen 15 Minuten backen, bis die Oberfläche zu bräunen beginnt.

Ein Geschirrtuch auf der Arbeitsfläche ausbreiten und mit einem gefetteten Stück Backpapier belegen. Die Möhren-Pastinaken-Platte daraufstürzen und das obere Papier abziehen. Die Platte mit der Hälfte des Parmesans bestreuen und etwas abkühlen lassen.

Den Ricotta mit Schnittlauchröllchen und Parmesan verrühren. Die Creme mit Salz und Pfeffer aus der Mühle abschmecken, dann gleichmäßig auf der Möhren-Pastinaken-Platte verstreichen. Mithilfe des Backpapiers von einer Längsseite her aufrollen. Sofort servieren. Dazu passt gedämpftes Blattgemüse oder grüner Salat.

Fischkoteletts mit Ingwer und Chili

Für 4 Personen

4 feste weißfleischige **Fischkoteletts** (z.B. Red Snapper; je 175g)

1 walnussgroßes Stück frischer **Ingwer**, in Streifen geschnitten

2 **Knoblauchzehen**, gewürfelt

4 **rote Chilischoten**, von den Samen befreit, gehackt

2 EL gehackte **Korianderstängel**

3 **Frühlingszwiebeln**, sehr schräg in dünne Ringe geschnitten

2 EL **Limettensaft**

Korianderblätter, zum Garnieren

Den Boden eines Dämpfkorbs mit Bananenblatt oder Backpapier belegen. In Blatt oder Papier Löcher stechen. Die Fischkoteletts nebeneinander hineinlegen. Ingwer, Knoblauch, Chili und Koriander daraufgeben. Den Korb schließen und in den Wok oder in einen Topf über kochendes Wasser setzen. Die Fischkoteletts 8–10 Minuten dämpfen, bis sie sich leicht zerpflücken lassen (an einer Stelle mit einer Gabel testen).

Die Fischkoteletts mit den Frühlingszwiebelringen bestreuen und mit dem Limettensaft beträufeln. Weitere 30 Sekunden dämpfen, dann mit Korianderblättern garnieren und servieren. Dazu passt gedämpfter Jasminreis.

Hähnchenbrust mit Pak choi und asiatischer Pilzsauce

Für 4 Personen

2 große getrocknete **Shiitakepilze**

2 EL helle **Sojasauce**

2 EL **chinesischer Reiswein**

1/2 TL **Sesamöl**

1 EL in dünne Scheiben geschnittener frischer **Ingwer**

4 **Hähnchenbrustfilets** (je 200 g)

450 g **Pak-choi-Blätter**, von den Stielenden befreit, längs geviertelt

1 EL **Speisestärke**

250 ml **Geflügelfond**

Die Shiitakepilze von den Stielen befreien und in dünne Streifen schneiden.

Die Hähnchenbrustfilets in die Marinade legen, zudecken und für 1 Stunde kalt stellen.

Die getrockneten Pilze 20 Minuten in 4 EL kochend heißem Wasser einweichen. Abgießen, die Einweichflüssigkeit auffangen. Die Pilze von den Stielen befreien und in dünne Streifen schneiden.

Die Sojasauce in einer Schüssel mit Reiswein, Sesamöl und Ingwer zu einer Marinade verrühren. Die Hähnchenbrustfilets hineingeben und durch Wenden damit überziehen. Zudecken und 1 Stunde im Kühlschrank durchziehen lassen.

Den Boden eines Dämpfkorbs mit Backpapier belegen. In das Papier Löcher stechen. Das Fleisch aus der Marinade heben und in den Korb legen. Den Korb schließen und in den Wok oder in einen Topf über kochendes Wasser setzen. Das Fleisch etwa 6 Minuten dämpfen, dann wenden und noch einmal etwa 6 Minuten dämpfen. Pak choi auf das Fleisch legen, alles weitere 2–3 Minuten dämpfen.

Inzwischen die Marinade mit den Pilzen und der Einweichflüssigkeit in einen kleinen Topf geben und aufkochen lassen. Die Speisestärke mit etwas Geflügelfond zu einer glatten Paste verrühren. Diese mit dem restlichen Fond in den Topf geben und alles bei mittlerer Hitze unter Rühren 2 Minuten köcheln lassen, bis die Sauce andickt.

Die Hähnchenbrustfilets in Scheiben schneiden und mit dem Pak choi auf Tellern anrichten und mit der Sauce begießen. Dazu passt gedämpfter Reis.

Red Snapper mit asiatischer Note

Für 2 Personen

1 **Red Snapper** (800 g), geschuppt und ausgenommen

3 Stängel **Zitronengras**

1 Handvoll **Korianderblätter**

1 kleines Stück **Ingwer**, in dünne Stifte geschnitten

1 große **Knoblauchzehe**, in dünne Scheiben geschnitten

2 EL **Sojasauce**

1 EL **Fischsauce**

60 ml **Öl**

1 kleine **rote Chilischote**, von den Samen befreit und fein gehackt

Die Fischhaut auf beiden Seiten mehrmals schräg einschneiden. Die Zitronengrasstängel in je 3 Stücke schneiden und diese mit einem schweren Messergriff etwas andrücken. Die Hälfte des Zitronengrases in die Mitte von einem großen Stück Alufolie geben und den Fisch darauflegen. Das restliche Zitronengras und die Hälfte der Korianderblätter in den Fisch geben.

Den Ingwer in einer kleinen Schüssel mit Knoblauch, Soja- und Fischsauce, Öl und Chili mischen; den Fisch damit beträufeln und mit dem restlichen Koriander bestreuen.

Den Fisch in die Folie hüllen und in einen Dämpfkorb legen. Den Korb schließen und in den Wok oder in einen Topf über kochendes Wasser setzen. Den Fisch etwa 25 Minuten dämpfen, bis sein Fleisch nicht mehr glasig ist. Mit dem restlichen Koriandergrün bestreuen und servieren. Dazu passen gut pfannengerührtes asiatisches Blattgemüse und gedämpfter Reis.

Tofu mit Sojasauce

Für 4 Personen

2 EL **Sojasauce**

2 EL **Ketjap manis** (süße indonesische Sojasauce)

1 TL **Sesamöl**

500 g fester **Tofu**, abgetropft

1 1/2 TL in dünne Streifen geschnittener frischer **Ingwer**

3 **Frühlingszwiebeln**, schräg in dünne Ringe geschnitten

1 große Handvoll **Koriandergrün**, gehackt

1–2 EL **Röstschalotten** (siehe Tipp Seite 21)

Die Sojasauce in einer Schüssel mit Ketjap manis und Sesamöl verrühren. Den Tofu quer halbieren und die Hälften in Dreiecke schneiden. Die Stücke auf einen ofenfesten Teller geben und mit der Sauce begießen. 30 Minuten marinieren, dabei einmal wenden.

Den Tofu mit dem Ingwer bestreuen. Den Teller auf einem Gitter in den Wok über kochendes Wasser setzen. Den Tofu zugedeckt 3–4 Minuten dämpfen. Mit Frühlingszwiebelringen und Koriandergrün bestreuen und weitere 3 Minuten dämpfen. Anschließend mit den Röstschalotten garnieren und sofort servieren.

Über Jasmintee gedämpfter Fisch

Für 4 Personen

100 g **Jasminteeblätter**

100 g frischer **Ingwer**, in dünne Scheiben geschnitten

4 **Frühlingszwiebeln**, in 5 cm lange Stücke geschnitten

4 feste weißfleischige **Fischfilets** (z. B. Red Snapper)

Ingwer-Frühlingszwiebel-Sauce

125 ml **Fischfond**

3 EL helle **Sojasauce**

3 **Frühlingszwiebeln**, in dünne Ringe geschnitten

1 EL in dünne Streifen geschnittener frischer **Ingwer**

2 TL **Zucker**

1 große **rote Chilischote**, von den Samen befreit, in Streifen geschnitten

Die Böden von zwei Dämpfkörben mit Backpapier belegen. In das Papier Löcher stechen. Tee, Ingwer und Frühlingszwiebelstücke in einen der Körbe geben. Den Korb schließen und in den Wok oder in einen Topf über kochendes Wasser setzen. Den Korbinhalt etwa 10 Minuten dämpfen, bis die Teeblätter aufgequollen sind und duften.

Die Fischfilets nebeneinander in den zweiten Korb legen. Korb schließen und auf den ersten Korb setzen. Die Fischfilets je nach Dicke 5–10 Minuten dämpfen. Zur Garprobe einen Spieß in die dickste Stelle eines Filets stechen – geht das mühelos, ist der Fisch gar. Die fertig gegarten Filets aus dem Korb nehmen.

Inzwischen die Zutaten für die Sauce mit 125 ml Wasser in einen Topf geben und verrühren. Unter Rühren bei schwacher Hitze heiß werden lassen, bis der Zucker sich aufgelöst hat. Den Fisch mit der Sauce beträufeln und servieren. Dazu passen gedämpfter Reis und gedämpftes asiatisches Blattgemüse nach Wahl.

Lachspäckchen auf japanische Art

Für 4 Personen

4 **Lachskoteletts** (je 150 g)

2,5 cm frischer **Ingwer**

2 **Selleriestangen**

4 **Frühlingszwiebeln**

1/4 TL **Instant-Dashi** (japanische Instant-Fischbrühe)

3 EL **Mirin** (süßer japanischer Reiswein)

2 EL **Tamari** (siehe Tipp)

2 TL **Sesamsamen**, geröstet

Den Backofen auf 230 °C vorheizen. Aus Backpapier vier Quadrate zurechtschneiden, die groß genug sind, dass man die Lachskoteletts darin verpacken kann.

Die Lachskoteletts trocken tupfen. Auf jedes Stück Backpapier mittig ein Kotelett legen. Den Ingwer in hauchdünne Scheiben schneiden. Selleriestangen und Frühlingszwiebeln quer in kurze Stücke und diese längs in dünne Streifen schneiden. Je ein Viertel davon auf die Lachskoteletts geben, Ingwerscheiben darauf verteilen.

Dashi, Mirin und Tamari in einem kleinen Topf verrühren. Heiß werden lassen, bis die Instant-Brühe sich aufgelöst hat. Die Lachskoteletts mit der Flüssigkeit beträufeln, mit Sesam bestreuen und in die Backpapierstücke hüllen, dabei die Seiten des Papiers über den Fisch falten, damit die Garflüssigkeit nicht aus den Päckchen auslaufen kann. Die Päckchen auf ein Backblech legen und den Fisch im heißen Ofen etwa 12 Minuten garen, bis er gar ist (dabei blähen sich die Päckchen auf). Die Lachskoteletts nicht zu lange dämpfen, damit sie nicht trocken werden.

Die Koteletts aus den Päckchen nehmen, auf Teller verteilen, mit dem Garsud beträufeln und sofort servieren.

Tipp **Tamari ist eine dunkle japanische Sojasauce, die, im Gegensatz zu Shoyu, keinen Weizen enthält und daher glutenfrei ist. Man findet sie im japanischen Lebensmittelgeschäft.**

Krabben mit Gewürzen, Koriandergrün und Chilischoten

Für 4 Personen

4 kleine oder 2 große küchenfertige **Krabben** oder **Taschenkrebse**, je nach Größe halbiert oder geviertelt
2 **Knoblauchzehen**, sehr fein gewürfelt
2 TL geriebener frischer **Ingwer**
1/4 TL **gemahlener Kreuzkümmel**
1/4 TL **gemahlener Koriander**
1/4 TL **gemahlene Kurkuma**
1/4 TL **Cayennepfeffer**
1 EL **Tamarindenpaste**
1 TL **Zucker**
2 kleine **rote Chilischoten**, von den Samen befreit, fein gehackt
125 ml **Öl**
2 EL **Korianderblätter**

Die Krabben- bzw. Taschenkrebsstücke nebeneinander in einen großen Dämpfkorb geben. Den Korb schließen und in den Wok oder in einen Topf über kochendes Wasser setzen. Die Krustentiere 4–5 Minuten dämpfen, bis sie halb gar sind. Vom Herd nehmen.

Knoblauch, Ingwer, Kreuzkümmel, Koriander, Kurkuma, Cayennepfeffer, Tamarindenpaste, Zucker, Chilis, die Hälfte des Öls und 1 gute Prise Salz in einer kleinen Schüssel miteinander verrühren. Das restliche Öl in einer großen Pfanne mit hohem Rand bei mittlerer Hitze heiß werden lassen. Die Gewürzmischung hineingeben und 30 Sekunden pfannenrühren.

Die Krustentierstücke hinzufügen und 2 Minuten pfannenrühren. 125 ml Wasser dazugießen und die Stücke zugedeckt 5–6 Minuten dämpfen, bis sie durchgegart sind – sie sollten kräftig rosa oder rot gefärbt sein, und das Fleisch darf nicht mehr glasig sein. Die Krabben- bzw. Taschenkrebsstücke auf Schalen verteilen und mit Korianderblättern bestreuen. Sofort servieren, Fingerschalen und (Papier-)Servietten nicht vergessen. Dazu passen Brot und Krabbenchips (Krupuk).

Tipp **Auf diese Weise lassen sich auch große Garnelen zubereiten.**

Maisröllchen mit Hähnchenfüllung

Für 4 Personen

Teig

4 EL **Sahne**

4 EL **Geflügelfond**

100 g weiche **Butter**

1 **Knoblauchzehe**, zerdrückt

1 TL **gemahlener Kreuzkümmel**

1 TL **Salz**

200 g **Masa Harina** (siehe Tipp Seite 256)

Füllung

1 **Maiskolben**

2 EL **Öl**

150 g **Hähnchenbrustfilet**

2 **Knoblauchzehen**, zerdrückt

1 **rote Chilischote**, von den Samen befreit, gehackt

1 **rote Zwiebel**, gewürfelt

1 **rote Paprikaschote**, gewürfelt

2 **Tomaten**, gehäutet und gehackt

1 TL **Salz**

saure Sahne, zum Servieren

gehackte **Korianderblätter**, zum Bestreuen

Für den Teig Sahne und Geflügelfond miteinander verrühren. Die Butter mit den Quirlen des elektrischen Handrührgeräts cremig schlagen. Knoblauch, Kreuzkümmel und Salz hinzufügen und gut untermischen. Abwechselnd Masa Harina und die Sahnemischung dazugeben und glatt unterrühren.

Für die Füllung den Maiskolben in einen Topf mit sprudelnd kochendem Wasser geben und 15–20 Minuten kochen lassen, bis die Körner weich sind. Abkühlen lassen und die Körner mit einem scharfen Messer vom Kolben schneiden.

Das Öl in einer Pfanne erhitzen. Die Hähnchenbrust darin pro Seite 5 Minuten anbraten. Herausnehmen, abkühlen lassen und in feine Streifen schneiden. Knoblauch, Chili und Zwiebel in die Pfanne geben und 2–3 Minuten dünsten. Paprikawürfel und Maiskörner hinzufügen und 3 Minuten mitgaren. Fleisch, Tomaten und Salz dazugeben. 15 Minuten köcheln lassen, bis die Flüssigkeit eingekocht ist.

Aus Backpapier zwölf Quadrate (je 20 x 15 cm) zurechtschneiden. Den Teig darauf verteilen und dick daraufstreichen, dabei rundum einen Rand frei lassen. Die Füllung mittig daraufgeben; den Teig aufrollen, die Röllchen in das Papier wickeln und das Ganze jeweils mit Küchengarn zusammenbinden. Die Päckchen nebeneinander in einen großen Dämpfkorb legen. Den Korb schließen und in den Wok oder in einen Topf über kochendes Wasser setzen. Die Röllchen etwa 35 Minuten dämpfen, bis sie fest sind.

Die Röllchen auswickeln und auf Tellern anrichten (drei pro Person). Mit saurer Sahne und Koriandergrün servieren. Dazu passt grüner Salat.

Tipp **Masa Harina ist eine Art Maisstärke. Man findet es in Spezialgeschäften für lateinamerikanische Lebensmittel, aber genauso gut in Asienläden (Masa Harina wird auch auf den Philippinen verwendet).**

Hähnchenfleisch, Tomaten und Salz in den Topf geben und köcheln lassen, bis die Flüssigkeit eingekocht ist.

Die gefüllten Röllchen in Backpapier wickeln und das Ganze mit Küchengarn zusammenbinden.

Zitronengrashuhn mit Reisnudelrollen

Für 4 Personen

4 Stängel **Zitronengras**, längs halbiert

3 **Hähnchenbrustfilets**, längs halbiert

1 EL **Sesamöl**

2 **rote Chilischoten**, von den Samen befreit, fein gehackt

300 g **chinesischer Brokkoli**, halbiert

300 g frische **Reisnudelteigplatten** (siehe Tipp)

Sojasauce, zum Servieren

Limettenschnitze, zum Servieren

Das Zitronengras in einen Dämpfkorb geben. Die Hähnchenbrustfilets darauflegen, mit Sesamöl bestreichen und mit Chili bestreuen. Den Korb schließen und in den Wok oder in einen Topf über kochendes Wasser setzen. Die Filets 5 Minuten dämpfen, bis sie halb gar sind.

Brokkoli und aufgerollte Reisnudelblätter in einen zweiten Korb geben, der so groß ist wie der erste. Diesen Korb zugedeckt auf den mit der Hähnchenbrust setzen und alles weitere 5 Minuten dämpfen, bis das Fleisch gar ist und der Brokkoli weich. Die Hähnchenbrustfiletstücke in dicke Scheiben schneiden und diese mit Brokkoli, Nudelrollen, Sojasauce (in Schälchen) und Limettenschnitzen anrichten.

Tipp **Verwenden Sie unbedingt frische Reisnudelteigplatten, sonst lassen sie sich nicht aufrollen. Sie bekommen die Teigplatten im Asienladen.**

Rinderschmorbraten

Für 6–8 Personen

300 g sehr kleine **Zwiebeln**

30 g **Butter**

2 **Möhren**, in gleich große Stücke geschnitten

3 **Pastinaken**, in gleich große Stücke geschnitten

1,25 kg **Rinderschmorbraten**

75 ml **trockener Rotwein**

1 große **Tomate**, fein gewürfelt

250 ml **Rinderfond**

Senf, zum Servieren

Die Zwiebeln in eine Schüssel geben und mit heißem Wasser bedecken. 1 Minute einweichen; abgießen und gut abtropfen lassen. Abkühlen lassen und abziehen.

Die Hälfte der Butter in einem so großen Schmortopf, in den das Fleisch gerade hineinpasst (es schrumpft beim Schmoren), zerlassen. Zwiebeln, Möhren und Pastinaken darin bei mittlerer Hitze anbraten, dann herausnehmen.

Die restliche Butter (15 g) im Topf bei mittlerer Hitze zerlassen. Das Fleisch darin rundherum kräftig anbraten. Den Wein hinzufügen und bei starker Hitze aufkochen lassen, dann das Gemüse dazugeben. Tomate und Fond unterrühren. Das Ganze erneut aufkochen, dann bei schwacher Hitze zugedeckt etwa 1 Stunde 30 Minuten köcheln lassen, dabei das Fleisch einmal wenden.

Das Fleisch aus dem Topf nehmen und auf ein Tranchierbrett legen. Mit Alufolie bedecken und ruhen lassen, während die Sauce zubereitet wird.

Den Garsud mit dem Gemüse im Topf bei starker Hitze 10 Minuten sprudelnd kochen lassen, bis er etwas eingedickt ist. Die Sauce entfetten und abschmecken. Das Fleisch in Scheiben schneiden und diese mit Gemüse und Sauce auf Tellern anrichten. Mit Senf servieren.

Thailändischer Ingwerfisch mit Korianderbutter

Für 4 Personen

60 g weiche **Butter**

1 EL gehacktes **Koriandergrün**

2 EL **Limettensaft**

1 EL **Öl**

1 EL geriebener **Palmzucker** oder 1 EL **Zucker**

4 lange **rote Chilischoten**, von den Samen befreit, gehackt

2 Stängel **Zitronengras**, halbiert

4 feste weißfleischige **Fischfilets** (je 200 g; z. B. Petersfisch)

1 **Limette**, in dünne Scheiben geschnitten

1 EL in dünne Streifen geschnittener frischer **Ingwer**

Die Butter gründlich mit dem Koriander mischen. Zur Rolle formen, in Frischhaltefolie wickeln und für mindestens 30 Minuten oder bis zum Servieren in den Kühlschrank legen.

Den Limettensaft mit Öl, Zucker und Chili in eine kleine Schüssel geben. Rühren, bis der Zucker sich aufgelöst hat.

Einen halben Zitronengrasstängel auf ein Stück Alufolie geben, das groß genug ist, um 1 Fischfilet hineinzuwickeln. Ein Fischfilet darauflegen und mit der Limettensaftmischung bestreichen. Einige Limettenscheiben und Ingwerstreifen daraufgeben. Das Papier zu einem fest verschlossenen Päckchen falten. Mit den restlichen Zutaten ebenso verfahren; auf diese Weise vier Päckchen herstellen.

Den Boden eines großen Dämpfkorbs mit Backpapier belegen. In das Papier Löcher stechen. Die Päckchen nebeneinander in den Korb legen. Den Korb schließen und in den Wok oder in einen Topf über kochendes Wasser setzen. Die Päckchen 8–10 Minuten dämpfen, bis der Fisch sich leicht zerpflücken lässt (an einer Stelle mit einer Gabel testen).

Den Fisch mitsamt dem Zitronengras aus den Päckchen nehmen. Auf Tellern anrichten. Korianderbutter in Scheiben schneiden und auf den Fisch geben. Dazu passt gedämpfter Reis.

Miesmuscheln mit Nudeln auf Thai-Art

Für 4 Personen

2 kg **Miesmuscheln**

250 g **Glasnudeln**

2 **Knoblauchzehen**, zerdrückt

2 **Frühlingszwiebeln**, fein gehackt

125 ml **Fischfond**

2 EL **rote Thai-Currypaste**

200 ml **Kokoscreme (coconut cream)**

Saft von 2 **Limetten**

2 EL **Fischsauce**

1 Handvoll **Korianderblätter**

Die Muscheln mit kaltem Wasser abspülen und dabei entbarten. Beschädigte Exemplare und solche, die sich nicht schließen, wenn man daraufklopft, wegwerfen. Die Nudeln 8–10 Minuten in kochend heißem Wasser einweichen. Abgießen und mit einer Schere in kurze Stücke schneiden.

Die Muscheln mit Knoblauch und Frühlingszwiebeln in einen großen Dämpfkorb geben. Den Korb schließen und in den Wok oder in einen Topf über kochendes Wasser setzen. Die Muscheln 4–5 Minuten dämpfen, bis alle sich geöffnet haben. Ungeöffnete Muscheln wegwerfen.

Fischfond in einen großen Topf geben. Currypaste und Kokosmilch hinzufügen und unterrühren. Die Mischung aufkochen lassen. Limettensaft und Fischsauce hinzufügen. Muscheln in den Topf geben, 1 Minute später die Korianderblätter unterrühren.

Die Nudeln auf Schalen verteilen, Muscheln und Brühe darüberschöpfen.

Beilagen

Reis mit Brokkoli und Dicken Bohnen

Für 4–6 Personen

250 g **Basmatireis**

500 ml **Geflügelfond** oder **Hühnerbrühe**

350 g **Brokkoli**, in Röschen zerteilt

300 g **Dicke-Bohnen-Kerne**

6 **Frühlingszwiebeln**, fein gehackt

1 TL **edelsüßes Paprikapulver**

2 Handvoll **Petersilie**, grob gehackt

50 g geröstete **Mandeln**, grob gehackt

1 **Knoblauchzehe**, zerdrückt

2 EL bestes **Olivenöl**

2 TL fein abgeriebene unbehandelte **Zitronenschale**

3 EL **Medium Sherry**

Den Reis mit Fond oder Brühe in einen Topf geben. Aufkochen, dann bei sehr schwacher Hitze 8–10 Minuten quellen lassen, bis der Reis die gesamte Flüssigkeit aufgenommen hat.

Inzwischen Brokkoli und Bohnenkerne in einen Dämpfkorb geben. Den Korb schließen und in den Wok oder in einen Topf über kochendes Wasser setzen. Das Gemüse 3 Minuten dämpfen. Sobald es knapp gar ist, vom Herd nehmen. Die Bohnenkerne in kaltem Wasser abschrecken und anschließend enthülsen.

Den heißen Reis in eine große Schüssel geben. Gemüse, Frühlingszwiebeln, Paprikapulver, Petersilie, Mandeln, Knoblauch, Olivenöl, Zitronenschale und Sherry hinzufügen und alles mit einem großen Löffel gut vermischen. Den Gemüsereis mit Salz und Pfeffer aus der Mühle abschmecken. Dies ist eine hervorragende Beilage zu gegrilltem Fisch oder Geflügel, schmeckt aber auch pur sehr gut.

Wildreis mit Kürbis

Für 4–6 Personen

200 g **Wildreis**, abgespült

1 kleiner **grünschaliger Kürbis** (etwa 300 g), in etwa 1x6 cm große Spalten geschnitten (ersatzweise Hokkaido-Kürbis)

1 Dose **Kichererbsen** (400 g)

8 **Frühlingszwiebeln**, in dünne Ringe geschnitten

50 g **Korinthen**

75 g **Pistazienkerne**, grob gehackt

1 TL **Garam masala**

3 EL **Kürbiskerne**

2 EL **Pistazien-** oder **Olivenöl**

2 TL abgeriebene unbehandelte **Orangenschale**

1 große Handvoll **Korianderblätter**

1 große Handvoll **Minzeblätter**, in Stücke gezupft

Den Reis mit 600 ml Wasser in einen kleinen Topf geben. Zudecken und aufkochen, dann bei schwacher Hitze 30–35 Minuten köcheln lassen, bis der Reis die gesamte Flüssigkeit aufgenommen hat, aber noch etwas bissfest ist.

Den Boden eines Dämpfkorbs mit Backpapier belegen. In das Papier Löcher stechen. Die Kürbisspalten in den Korb legen. Den Korb schließen und in den Wok oder in einen Topf über kochendes Wasser setzen. Die Kürbisspalten 5 Minuten dämpfen, bis sie weich sind. Beiseitestellen und etwas abkühlen lassen

Kichererbsen aus der Dose in ein Sieb schütten, abspülen und abtropfen lassen. Kichererbsen, Frühlingszwiebeln, Korinthen, Pistazien, Garam masala, Kürbiskerne, Öl, Orangenschale, Korianderblätter und Minze dazugeben und mischen. Das Ganze mit Salz und Pfeffer aus der Mühle abschmecken. Reis und Kürbis hinzufügen und behutsam untermischen. Den Salat in eine Schüssel oder auf eine Servierplatte geben und warm servieren.

Linsen mit Zwiebeln und Spinat

Für 6 Personen

250 g **Puy-Linsen**

3 EL **Olivenöl**

2 **rote Zwiebeln**, in dünne Ringe geschnitten

2 **Knoblauchzehen**, fein gewürfelt

1 TL **gemahlener Koriander**

1 TL **gemahlener Kreuzkümmel**

500 g **Blattspinat**, gründlich gewaschen, von harten Stielen befreit

1 EL **Zitronensaft**

2 EL **Korianderblätter**

Die Linsen mit 650 ml Wasser in einen kleinen Topf geben. Zudecken und aufkochen, dann bei sehr schwacher Hitze 25–30 Minuten köcheln lassen, bis die Linsen weich sind und die gesamte Flüssigkeit aufgenommen haben.

Inzwischen das Öl in einer Pfanne bei mittlerer Hitze heiß werden lassen. Die Zwiebelringe darin unter gelegentlichem Rühren in etwa 20 Minuten dunkel und sehr weich braten. Knoblauch, Koriander und Kreuzkümmel sowie Pfeffer aus der Mühle und Salz (nach Geschmack) hinzufügen, das Ganze 3 Minuten braten, dann vom Herd nehmen.

Den Spinat in einen großen Dämpfkorb geben. Den Korb schließen und in den Wok oder in einen Topf über kochendes Wasser setzen. Den Spinat 3–5 Minuten dämpfen, bis die Blätter zusammengefallen sind.

Die Linsen in einer großen Schüssel mit der Zwiebelmischung und dem Spinat vermischen. Den Zitronensaft hinzufügen und gut unterrühren. Das Ganze mit Korianderblättern garnieren und sofort servieren.

Couscous mit Kräutern und Gewürzen

Für 6 Personen

375 g **Couscous**

60 g **Butter**

2 **Frühlingszwiebeln**, gehackt

1 **Knoblauchzehe**, zerdrückt

2 TL **Kreuzkümmelsamen**

2 TL **Sumach** (säuerliches orientalisches Gewürzpulver)

2 TL **Harissa** (scharfe nordafrikanische Chilipaste)

2 EL **Rotweinessig**

1 EL fein gehackte Schale von **eingelegten Zitronen**

4 EL gehacktes **Koriandergrün**

4 EL gehackte **Minze**

Den Couscous in eine Schüssel geben, mit Wasser bedecken und 1 Minute quellen lassen. In ein Sieb schütten und das Wasser ablaufen lassen. Den Couscous wieder in die Schüssel geben und 5 Minuten quellen lassen, dabei gelegentlich mit einer Gabel auflockern.

Einen Dämpfkorb mit zwei Lagen Gaze auskleiden; den Couscous hineingeben. Den Korb in den Wok oder in einen Topf über kochendes Wasser setzen. Couscous offen 15 Minuten dämpfen, dabei gelegentlich mit einer Gabel auflockern.

Die Butter in einer Pfanne bei mittlerer Hitze zerlassen. Frühlingszwiebeln, Knoblauch, Kreuzkümmel, Sumach, Harissa und Essig hinzufügen und 1 Minute pfannenrühren. Den Couscous dazugeben; 1 Minute rühren. Vom Herd nehmen und die Zitronenschale, das Koriandergrün und die Minze unterrühren. Abschmecken und servieren.

Tipp **Gedämpfter Couscous ist leichter und lockerer als Couscous, der auf andere Weise gegart wurde. Das Dämpfen dauert zwar länger, doch der Aufwand lohnt sich. Sie können den Couscous bis zu einem Tag im Voraus dämpfen und ihn kalt servieren oder über Dampf bzw. in der Mikrowelle aufwärmen.**

Maiskolben mit Schnittlauch-Zitronen-Butter

Für 4 Personen

4 **Maiskolben** mit Hüllblättern

60 g weiche **Butter**

1 1/2 EL **Schnittlauchröllchen**

1/2 TL abgeriebene unbehandelte **Zitronenschale**

Die Hüllblätter der Maiskolben zurückstreifen, aber nicht entfernen. Die Fäden abziehen und die Kolbenspitzen abschneiden.

Die Butter mit Schnittlauch und Zitronenschale mit einer Gabel verkneten. Die Würzbutter mit Salz und schwarzem Pfeffer aus der Mühle abschmecken, dann auf die Maiskolben streichen. Die Hüllblätter wieder über die Kolben ziehen, die Spitzen mit Küchengarn zusammenbinden.

Die Kolben in einen Dämpfkorb legen. Den Korb schließen und in den Wok oder in einen Topf über kochendes Wasser setzen. Die Maiskolben mindestens 15 Minuten dämpfen, bis die Körner weich sind, dann die Hüllblätter entfernen und die Maiskolben servieren.

Hefeteigblüten mit Frühlingszwiebeln

Für 12 Stück

1 TL **Trockenhefe**

2 TL **Zucker**

350 g **Mehl**

1/2 TL **Backpulver**

1 EL **Sesamöl**

1 TL **Salzflocken** (Fleur de sel)

6 **Frühlingszwiebeln**, in dünne Ringe geschnitten

Die Hälfte der Salzflocken auf den Teig **streuen** und behutsam andrücken, dann die Hälfte der Frühlingszwiebeln auf dem Teig **verteilen**.

Mit einem Essstäbchen fest auf die Mitte der **Stapel** drücken, damit sich die Teigschichten wie **Blüten** öffnen.

200 ml warmes Wasser in eine große Schüssel geben. Hefe und Zucker daraufstreuen. Das Ganze für etwa 10 Minuten an einen warmen Platz stellen, bis die Mischung schäumt.

Mehl und Backpulver dazusieben und alles mit einem Holzlöffel verrühren, bis ein lockerer Teig entstanden ist. Den Teig auf eine dünn bemehlte Arbeitsfläche geben und 5–6 Minuten kneten, bis er glatt und elastisch ist. (Kein Mehl mehr dazugeben – ist der Teig zu fest, wird er beim Dämpfen zäh!) Den Teig zu einer Kugel formen.

Eine große Schüssel mit etwas Öl ausstreichen und die Teigkugel darin rollen, bis sie ganz mit Öl überzogen ist. Die Schüssel mit einem Geschirrtuch zudecken und für 1 1/2–2 Stunden an einen warmen Platz stellen, bis sich das Volumen des Teiges verdoppelt hat.

Den Teig auf der bemehlten Arbeitsfläche 1 Minute kneten. In zwei Portionen teilen; eine mit einem Geschirrtuch bedecken. Die ander Portion zu einem dünnen Rechteck (30 x 40 cm) ausrollen und mit 1/2 EL Sesamöl bestreichen. 1/2 EL Salzflocken auf den Teig streuen und behutsam andrücken, dann den Teig mit der Hälfte der Frühlingszwiebeln bestreuen.

Den Teig von einer Längsseite her aufrollen. Die Rolle in 12 gleich dicke Scheiben schneiden. Immer zwei Scheiben aufeinandersetzen. Mit einem Essstäbchen fest auf die Mitte der Stapel drücken, damit sich die Teigschichten wie Blüten öffnen.

Mit der zweiten Teigportion ebenso verfahren. Die Teigblüten auf ein dünn bemehltes Backblech setzen, mit einem Geschirrtuch bedecken und an einem warmen Platz 1 Stunde gehen lassen, bis sich ihr Volumen verdoppelt hat.

Die Hälfte der Teigblüten in einen großen, dünn ausgefetteten Dämpfkorb geben. Den Korb schließen und in den Wok oder in einen Topf über kochendes Wasser setzen. Die Blüten 6–8 Minuten dämpfen, bis sie durchgegart sind. Mit den restlichen Teigblüten ebenso verfahren. Warm zu asiatischen Gerichten servieren.

Fenchel mit Zitronen-Sardellen-Butter

Für 4 Personen

4 sehr kleine **Fenchelknollen**

60 g **Butter**

8 **Sardellenfilets**, fein gehackt

1 **Knoblauchzehe**, zerdrückt

2 kleine **rote Chilischoten**, von den Samen befreit, fein gehackt

2 EL **Zitronensaft**

Die Fenchelknollen von den Stielen befreien, längs vierteln und in einen Dämpfkorb legen. Den Korb schließen und in den Wok oder in einen Topf über köchelndes Wasser setzen. Die Knollen 5 Minuten dämpfen, bis sie weich sind.

Die Butter in einer Pfanne bei mittlerer Hitze zerlassen. Sardellen, Knoblauch und Chilis in die Pfanne geben und 30 Sekunden pfannenrühren. Den Zitronensaft unterrühren, dann den Fenchel hinzufügen und durch Wenden mit der Würzbutter überziehen.

Chicorée mit Käse-Nuss-Kruste

Für 4 Personen

6 **Chicorée**, von den großen Außenblättern befreit, halbiert

80 g frische **Brotkrumen**

3 EL geriebener **Parmesan**

3 EL gehackte **Pekannüsse**

1 EL gehackter **Thymian**

1 EL **Schnittlauchröllchen**

3 Scheiben **luftgetrockneter Schinken**, grob gehackt

60 g **Butter**, zerlassen

Die Chicoréehälften in einen großen Dämpfkorb legen. Den Korb schließen und in den Wok oder in einen Topf über kochendes Wasser setzen. Den Chicorée etwa 50 Minuten dämpfen, bis er weich ist. Die Hälften herausnehmen und mit den Schnittseiten nach oben auf ein Backblech setzen.

Den Backofen auf 200 °C vorheizen. Die Brotkrumen in einer Schüssel mit Käse, Nüssen, Thymian, Schnittlauch und Schinken mischen. Die Butter unterrühren. Die Mischung mit einem Löffel auf die Chicoréehälften verteilen und etwas andrücken. 10 Minuten backen, bis die Kruste goldbraun und knusprig ist.

Tipp **Den Chicorée können Sie im Voraus dämpfen. Bis zur weiteren Verwendung im Kühlschrank aufbewahren und dann überbacken.**

Kürbis mit Käse und Kräutern

Für 6 Personen

1 kg **Butternusskürbis**, in 4 cm große Würfel geschnitten

100 g **Taleggio** (siehe Tipp), in dünne Scheiben geschnitten

1 EL gehackte **Petersilie**

1 TL gehackter **Oregano**

1 TL **Thymianblättchen**

1 TL geriebene **Muskatnuss**

Die Kürbiswürfel in einen großen Dämpfkorb legen. Den Korb schließen und in den Wok oder in einen Topf über köchelndes Wasser setzen. Die Kürbisstücke 20–25 Minuten dämpfen, bis sie weich sind.

Den Backofen auf 200 °C vorheizen.

Die Kürbiswürfel in eine ofenfeste Form häufen und im heißen Ofen 10 Minuten backen, damit sie etwas trockener werden. Den Käse auf den Würfeln verteilen und das Ganze weitere 3–4 Minuten backen, bis der Käse geschmolzen ist.

Die Kräuter mit der geriebenen Muskatnuss mischen. Die Mischung auf den geschmolzenen Käse streuen. Das Gericht großzügig mit Salz und Pfeffer aus der Mühle bestreuen und sofort servieren.

Tipp **Taleggio ist ein kräftiger, salziger, italienischer Käse. Wer eine mildere Sorte für dieses Gericht bevorzugt, kann auf einen anderen schmelzfähigen Käse, beispielsweise Greyerzer, Fontina, Raclette, jungen Gouda oder sogar Cheddar, ausweichen.**

Asia-Gemüse mit Austernsauce und Sesam

Für 4 Personen

400 g junger **Pak choi**

400 g **Choi sum** (chinesischer Blütenkohl)

200 g **Brokkolini** (Spargelkohl) oder **Brokkoli**

4 EL **Austernsauce**

1 EL **helle Sojasauce**

1 TL **Sesamöl**

2 TL **Sesamsamen**, hell geröstet

Den Pak choi längs vierteln. Die Viertel gründlich waschen und abtropfen lassen. Choi sum und Brokkolini waschen, abtropfen lassen und in 5 cm lange Stücke schneiden.

Brokkolini- und Choi-sum-Stiele auf dem Boden eines Dämpfkorbs verteilen und das restliche Gemüse daraufgeben. Den Korb schließen und in den Wok oder in einen Topf über kochendes Wasser setzen. Das Gemüse etwa 5 Minuten dämpfen, bis die Blätter gerade eben zusammengefallen und die Stiele knapp gar sind.

Inzwischen die Austernsauce in einem kleinen Topf mit Sojasauce und Sesamöl bei schwacher Hitze erwärmen. Das gedämpfte Gemüse auf eine Servierplatte häufen, mit der Sauce beträufeln und mit Sesam bestreuen. Sofort servieren.

Rosenkohl mit Senfbutter

Für 4 Personen

500 g **Rosenkohl**

30 g **Butter**

3 TL **körniger Senf**

2 TL **flüssiger Honig**

Den Rosenkohl putzen und die Strünke unten kreuzweise einschneiden. Die Röschen in einen großen Dämpfkorb geben. Den Korb schließen und in den Wok oder in einen Topf über kochendes Wasser setzen. Den Rosenkohl 15 Minuten dämpfen, bis die Röschen weich sind, dann sofort kalt abschrecken, damit der Garprozess gestoppt wird.

Die Butter mit Senf und Honig in einem Topf bei schwacher Hitze unter Rühren zerlassen. Die Rosenkohlröschen hinzufügen und rühren, bis sie heiß und gleichmäßig von der Senfbutter überzogen sind. Auf eine Servierplatte häufen und sofort servieren.

Quinoa mit Rosenkohl und Mangold

Für 4 Personen

200 g **Quinoa**

250 ml **Geflügelfond** oder **Hühnerbrühe**

5 **Rosenkohlröschen**, in dicke Scheiben geschnitten

100 g **Mangold**, in Streifen geschnitten

1/2 kleine **rote Zwiebel**, in dünn Halbringe geschnitten

25 g **Walnusskerne**, in Stücke gebrochen

Dressing

1 1/2 EL **Olivenöl**

1 EL **Walnussöl**

2 TL **Balsamico-Essig**

2 TL **Dijonsenf**

1 **Knoblauchzehe**, zerdrückt

Quinoa in eine Schüssel geben und mit Wasser bedecken. 2–3 Minuten einweichen, dann in ein Sieb schütten und in einen großen flachen Topf (mit passendem Deckel), füllen und salzen. Den Fond oder die Brühe unterrühren und die Rosenkohlscheiben auf das Getreide streuen.

Das Ganze bei mittlerer Hitze aufkochen, dann auf schwache Hitze herunterschalten. Den Topf mit Alufolie und dem Deckel fest verschließen. Quinoa und Rosenkohl in der feuchten Hitze 10–15 Minuten garen. Den Mangold hinzufügen und den Quinoa mit einer Gabel auflockern. Alles weitere 10 Minuten dämpfen, bis der Rosenkohl weich ist und die Mangoldstreifen zusammengefallen sind.

Inzwischen die Zutaten für das Dressing in ein Schraubdeckelglas geben. Das Glas verschließen und kräftig schütteln. Das Dressing mit Salz und schwarzem Pfeffer aus der Mühle abschmecken.

Zwiebelringe und Nüsse in eine große Schüssel geben. Den Topfinhalt und das Dressing hinzufügen und alles behutsam mit einer Gabel mischen. Das Gericht warm oder mit Raumtemperatur servieren.

Spaghettini mit Tomatensauce, in der Papierhülle gegart

Für 4 Personen als Beilage, für 2 Personen als Hauptgericht

250 g **Spaghettini**
4 Scheiben **Frühstücksspeck** mit Schwarte
2 **Knoblauchzehen**, zerdrückt
50 g entsteinte **Kalamata-** oder andere **schwarze Oliven**, gehackt
1 Handvoll **Basilikumblätter**, in Streifen geschnitten
400 ml **Tomatensaft**
1 große **Avocado**, gewürfelt
Basilikumblätter, zum Garnieren

Den Backofen auf 180 °C vorheizen. Vier 40 cm lange Stücke Backpapier bereitlegen. Die Nudeln in reichlich sprudelnd kochendem Salzwasser 2 Minuten kürzer garen, als auf der Packung angegeben ist. Das Kochwasser bis auf einen kleinen Rest abgießen, den Topf mit den Nudeln beiseitestellen.

Inzwischen vom Speck die Schwarte mit dem Fett abschneiden und in einer heißen Pfanne ausbraten. Den restlichen Speck würfeln. Die Schwarte aus der Pfanne nehmen, die Speckwürfel im heißen Fett goldbraun und knusprig braten. Den Knoblauch hinzufügen und 30 Sekunden mitbraten. Vom Herd nehmen; ein Viertel der gegarten Nudeln in die Pfanne geben und mit Speck und Fett mischen.

Mehr Nudeln dazugeben, damit die Pfanne sauber wird, dann alle Nudeln und den Speck in eine große Schüssel geben. Oliven, Basilikum und die Hälfte des Tomatensafts sowie Salz und Pfeffer aus der Mühle hinzufügen und alles mischen.

Die Nudeln gleichmäßig auf die Papierstücke verteilen (am besten mit einer Nudelzange, mit der man die Spaghettini zu Nestern drehen kann); mit dem restlichen Tomatensaft beträufeln. Die Papierstücke zu Päckchen falten: erst zwei Seiten über den Nudeln fest zusammenfalten, dann die beiden anderen Seiten darunterschieben. Die Päckchen auf zwei Backbleche legen und die Nudeln im heißen Ofen 15 Minuten garen.

Kurz vor dem Servieren die Nudeln mit Avocadowürfeln und Basilikum garnieren. Zu Geflügel, Schweinefleisch oder Fisch servieren.

Tipp **Die Päckchen können Sie schon einige Stunden im Voraus fertigstellen und erst kurz vor dem Servieren in den Ofen schieben.**

Salatrollen mit Erbsenfüllung

Für 4 Personen

200 g **Tiefkühl-Erbsen**

2 **Knoblauchzehen**, zerdrückt

1 1/2 EL **Crème fraîche**

1 TL **Zucker**

2 EL in feine Streifen geschnittenes **Basilikum**

4 große **Eissalatblätter**

Olivenöl, zum Beträufeln

Die gefrorenen Erbsen in einer Schüssel mit Knoblauch, Crème fraîche, Zucker und Basilikum verrühren. Die Mischung mit Salz und schwarzem Pfeffer aus der Mühle abschmecken.

Erbsen-Crème-fraîche auf die Salatblätter verteilen und diese wie Kohlrouladen aufrollen. Jede Roulade fest in ein Stück gefettete Alufolie wickeln. Die Päckchen in einen Dämpfkorb legen. Den Korb schließen und in den Wok oder in einen Topf über kochendes Wasser setzen. Die Rollen 8–10 Minuten dämpfen, bis die Füllung durchgegart ist. Die Rollen vorsichtig auswickeln, mit etwas Olivenöl beträufeln und mit Salz und Pfeffer aus der Mühle bestreuen. Heiß servieren.

Gefüllte Zucchini

Für 4 Personen

20 g **Butter**

1 **Lauchstange**, nur der helle Teil, längs halbiert und quer in dünne Streifen geschnitten

2 EL **Pinienkerne**

1 EL in Streifen geschnittenes **Basilikum**

4 EL **Crème fraîche** oder **saure Sahne**

50 g **gegarter Wildreis** oder 50 g **gegarte Langkornreis-Wildreis-Mischung** (siehe Tipp)

geriebene **Muskatnuss**

2 **Zucchini**

Für die Füllung die Butter in einer kleinen Pfanne bei schwacher Hitze zerlassen. Die Lauchstreifen darin 2–3 Minuten dünsten, bis sie weich, aber nicht braun sind. Pinienkerne, Basilikum, Crème fraîche bzw. saure Sahne und den Reis unterrühren und das Ganze in 5 Minuten heiß werden lassen. Die Mischung mit Muskat, Salz und schwarzem Pfeffer aus der Mühle abschmecken.

Die Zucchini längs halbieren, die Samen mit einem scharfkantigen Teelöffel oder einem Kugelformer herausschaben. Zucchinihälften salzen, dann die Füllung in die Vertiefungen häufen.

Die Zucchinihälften in einen großen Dämpfkorb geben. Den Korb schließen und in den Wok oder in einen Topf über kochendes Wasser setzen. Die gefüllten Zucchini in 6–8 Minuten weich dämpfen. Sofort servieren.

Tipp **Für 50 g gegarten Wildreis müssen Sie 25 g rohen Wildreis etwa 30 Minuten in Wasser kochen.**

Syrischer Bulgur

Für 4 Personen

2 EL **Olivenöl**

1 große **Zwiebel**, fein gewürfelt

1/2 TL **getrocknete Minze**

175 g **grober Bulgur**

500 ml **Geflügelfond-** oder **Hühnerbrühe**

100 g **Rotkohl**, in Streifen geschnitten

2 EL gehackte **Petersilie**

1 kleine Handvoll **Minzeblätter**, grob in Stücke gezupft

50 g entsteinte **Kalamata-Oliven** oder andere **schwarze Oliven**, entsteint und halbiert

1/2 unbehandelte **Zitrone**

1/2 **Granatapfel**

200 g **griechischer Sahnejoghurt**

Das Öl in einer großen Deckelpfanne mit hohem Rand bei mittlerer Hitze heiß werden lassen. Die Zwiebelwürfel mit der getrockneten Minze darin in 5 Minuten glasig dünsten. Den Bulgur unterrühren, dann Fond oder Brühe dazugießen. Den Bulgur zugedeckt bei schwacher Hitze 30 Minuten in der feuchten Hitze garen. Währenddessen den Deckel nicht abnehmen.

Den Bulgur mit einer Gabel auflockern, dabei knusprige Stückchen vom Pfannenboden lösen. Rotkohl, Petersilie, Minzeblätter und Oliven hinzufügen. Die Zitronenschale abreiben und in die Pfanne geben, den Saft auspressen und ebenfalls dazugeben. Die Granatapfelhälfte über die Pfanne halten, die Kerne in die Pfanne schaben und den Saft darüber ausdrücken. Weiße Stückchen vom Granatapfel, die auf die Bulgurmischung in der Pfanne gefallen sind, herausfischen, dann alles gut vermischen. Das Ganze mit Salz und Pfeffer aus der Mühle abschmecken. Warm mit dem Joghurt servieren.

Sahnesellerie im Papierpäckchen

Für 4 Personen

125 ml **trockener Weißwein**

125 g **Sahne**

1 TL **gemahlener Kreuzkümmel**

1 EL **körniger Senf**

1 **Sellerieknolle** (etwa 600 g), geschält und in streichholzdünne Stifte geschnitten

Den Backofen auf 180 °C vorheizen. Den Weißwein in einer Schüssel mit Sahne, Kreuzkümmel und Senf verrühren. Die Wein-Sahne mit Salz und schwarzem Pfeffer aus der Mühle abschmecken. Die Selleriestifte hinzufügen und gut untermischen. Das Ganze ein paar Minuten durchziehen lassen.

Inzwischen vier 50 cm lange Stücke Backpapier abschneiden. Die Mischung in vier Portionen teilen und diese mittig auf die Papierstücke geben (das geht mit den Händen am besten). In der Schüssel verbliebene Sahnemischung mit einem Löffel darauf verteilen. Die Papierstücke zu Päckchen falten: die Längsseiten über der Füllung fest zusammenfalten, die kurzen Seiten verdrehen und unterschieben. Die Päckchen müssen fest verschlossen sein, damit der Sellerie gleichmäßig gart.

Die Päckchen auf ein oder zwei Backbleche setzen und für 45 Minuten in den Backofen geben, bis die Selleriestücke weich sind, dann herausnehmen und vor dem Öffnen etwas abkühlen lassen. Der Sahnesellerie passt gut zu Braten.

Gedämpftes Gemüse mit Meerrettichbutter

Für 4 Personen

1 EL **Tafelmeerrettich**

30 g weiche **Butter**

1 EL fein gehackter **Kerbel**

24 junge **Bundmöhren**, abgebürstet und geputzt, große Exemplare längs halbiert

200 g **grüne Bohnen**, quer schräg halbiert

2 **Zucchini**, in Stifte geschnitten

Den Meerrettich in einer kleinen Schüssel mit Butter und Kerbel verrühren. Die Mischung mit Salz und schwarzem Pfeffer aus der Mühle abschmecken. Zudecken und im Kühlschrank etwas fester werden lassen.

Den Boden eines Dämpfkorbs mit Backpapier belegen. In das Papier Löcher stechen. Die Möhren in den Korb geben. Den Korb schließen und in den Wok oder in einen Topf über kochendes Wasser setzen. Die Möhren 6 Minuten dämpfen, dann Bohnen und Zucchini hinzufügen und alles zusammen weitere 6 Minuten dämpfen, bis das Gemüse gar, aber noch etwas bissfest ist. Das Gemüse in ein Sieb geben und abtropfen lassen.

Das Gemüse auf einer vorgewärmten Servierplatte anrichten. Meerrettichbutter in Flöckchen daraufgeben und etwas untermischen, damit sie schmilzt. Servieren.

Blumenkohl mit Brunnenkressesauce

Für 4–6 Personen

1/2 großer **Blumenkohl**, in Röschen geteilt

100 g **Brunnenkresse**, nur die Blättchen

1 große Handvoll **Petersilie**, grob gehackt

2 **Knoblauchzehen**, gewürfelt

2 TL **Zitronensaft**

125 g **Mayonnaise**

40 g **Pinienkerne**, geröstet

Den Boden eines Dämpfkorbs mit Backpapier belegen. In das Papier Löcher stechen. Die Blumenkohlröschen nebeneinander in den Korb legen. Den Korb schließen und in den Wok oder in einen Topf über kochendes Wasser setzen. Den Blumenkohl 12–15 Minuten dämpfen, bis die Röschen weich sind.

Inzwischen die Brunnenkresseblätter für einige Sekunden in kochend heißes Wasser geben; abgießen und gut abtropfen lassen. Die Brunnenkresse mit Petersilie, Knoblauch und Zitronensaft in der Küchenmaschine grob zerkleinern. Die Mayonnaise hinzufügen und in Intervallen unterarbeiten.

Die heißen Blumenkohlröschen auf einer Servierplatte anrichten. Mit der Brunnenkressesauce beträufeln, mit den Pinienkernen bestreuen. Heiß oder kalt servieren.

Curryreis mit Räucherfisch und Ei

Für 6 Personen

350 g **Räucherfischfilets** (z. B. Makrele oder Heilbutt)

30 g **Butter**

1 EL **Olivenöl**

1 **Zwiebel**, fein gewürfelt

1 Stück frischer **Ingwer** (2 x 3 cm), gerieben

2 **Knoblauchzehen**, zerdrückt

1 1/2 EL mittelscharfes **Currypulver**

900 g **gedämpfter Basmatireis** (siehe Tipp Seite 310)

100 g **Tiefkühl-Erbsen**

2 EL **Zitronensaft**

1 Handvoll **Koriandergrün**, gehackt

1 Handvoll **glatte Petersilie**, gehackt

3 **Eier**, hart gekocht

2 EL **Röstschalotten** (siehe Tipp Seite 21)

Den Boden eines Dämpfkorbs mit Alufolie belegen. In die Folie Löcher stechen. Die Räucherfischfilets nebeneinander in den Korb legen. Den Korb schließen und in den Wok oder in einen Topf über kochendes Wasser setzen. Die Fischfilets 8–10 Minuten dämpfen, bis sie durchgegart sind, dann herausnehmen, von eventuell vorhandenen Gräten und der Haut befreien und zerpflücken.

Die Butter mit dem Öl in einer großen Pfanne bei mittlerer Hitze zerlassen. Zwiebel, Ingwer und Knoblauch hineingeben und pfannenrühren, bis die Zwiebelwürfel weich sind. Das Currypulver hinzufügen; 2 Minuten rühren, bis Duft aufsteigt.

Den gedämpften Reis in die Pfanne geben. Behutsam rühren, bis die Reiskörner sich voneinander getrennt haben und von Currymischung überzogen sind. Die Erbsen unterrühren. Alles gut heiß werden lassen, dann Fisch, Zitronensaft, Koriandergrün und Petersilie hinzufügen und untermischen. Das Gericht mit Salz und Pfeffer aus der Mühle abschmecken. Mit hart gekochten Eiern und Röstschalotten garnieren und sofort servieren.

Tipps **Dieses Gericht ergibt ein köstliches leichtes Mittagessen. Für 900 g gegarten Basmatireis müssen Sie 400 g rohen Reis kochen.**

Räucherfisch dämpfen; von eventuell vorhandenen Gräten und der Haut befreien und **zerpflücken**.

Das **Currypulver** zur Zwiebelmischung geben und rühren, bis **Duft** aufsteigt.

Mediterrane Gemüsepäckchen mit Knoblauchmayonnaise

Für 4 Personen

1 **Knoblauchknolle**

4 lange, schlanke **Auberginen**, längs geviertelt

4 kleine **Zucchini**, längs geviertelt

4 junge **Möhren**

2 dicke **Frühlingszwiebeln**, längs geviertelt

250 g **Cocktail-Eiertomaten**, geviertelt

3 EL **Olivenöl**

1 TL **getrockneter Oregano**

125 g **Mayonnaise**

Den Boden eines Dämpfkorbs mit Backpapier belegen. In das Papier Löcher stechen. Die Knoblauchknolle hineinlegen. Den Korb schließen und in den Wok oder in einen Topf über kochendes Wasser setzen. Den Knoblauch 35 Minuten dämpfen, bis er weich ist. Herausnehmen und zum Abkühlen beiseitelegen.

Auf der Arbeitsfläche vier je 60 cm lange Stücke Backpapier ausbreiten. Jeweils 4 Auberginen- und Möhrenviertel, 1 Möhre, 2 Stücke Frühlingszwiebel und einige Tomatenviertel mittig daraufgeben. Mit Öl beträufeln und mit etwas Oregano bestreuen, dann salzen und pfeffern. Die Papierstücke über der Füllung so zusammenfalten, das nichts auslaufen kann. Die Päckchen nebeneinander in einen Dämpfkorb setzen. Den Korb schließen und in den Wok oder in einen Topf über kochendes Wasser setzen. Die Päckchen 12 Minuten dämpfen.

Inzwischen für die Sauce von der Knoblauchknolle einen Deckel abschneiden. Die Zehen aus der Knolle in eine kleine Schüssel quetschen und mit einer Gabel zerdrücken. Die Mayonnaise unterrühren.

Zum Servieren die Päckchen öffnen und das Gemüse jeweils mit einem Klacks Knoblauchmayonnaise krönen.

Kräuterreis

Für 6 Personen

40 g **Butter**

1 kleine **Zwiebel**, gerieben

400 g **Basmatireis**

875 ml **Geflügelfond** oder **Hühnerbrühe**

2 **Lorbeerblätter**

3 EL gehackte **Petersilie**

3 EL gehacktes **Koriandergrün**

Die Butter in einem Topf mit passendem Deckel, bei mittlerer Hitze zerlassen. Die geriebene Zwiebel darin in 4 Minuten glasig dünsten. Den Reis untermischen und rühren, bis die Körner rundum von Butter überzogen sind. Fond oder Brühe und Lorbeerblätter hinzufügen. Das Ganze aufkochen, dann den Reis bei schwacher Hitze zugedeckt dämpfen, bis er die gesamte Flüssigkeit aufgenommen hat.

Topf vom Herd nehmen und den Reis noch 5 Minuten quellen lassen, dann die Lorbeerblätter entfernen und den Reis mit Salz und schwarzem Pfeffer aus der Mühle abschmecken. Petersilie und Koriandergrün mit einer Gabel unterrühren. Den Kräuterreis sofort servieren.

Blumenkohl mit Speck und Zwiebeln

Für 4–6 Personen

50 g **Butter**

2 **Zwiebeln**, in dünne Ringe geschnitten

1 **Lorbeerblatt**

2 **Knoblauchzehen**, fein gewürfelt

1/4 TL geriebene **Muskatnuss**

40 g **Pinienkerne**

2 EL gehackte **Petersilie**

6 Scheiben **durchwachsener Speck**

500 g **Blumenkohl**, in Röschen zerteilt

Die Butter in einer großen Pfanne bei mittlerer Hitze zerlassen. Die Zwiebelringe mit dem Lorbeerblatt hineingeben und großzügig mit Salz und schwarzem Pfeffer aus der Mühle würzen. Die Zwiebelringe unter gelegentlichem Rühren 30 Minuten braten, bis sie dunkelbraun sind. Knoblauch, Muskat und Pinienkerne hinzufügen und 5 Minuten mitbraten, dann die Petersilie unterrühren.

Inzwischen die Speckscheiben in einer zweiten Pfanne ohne zusätzliches Fett auf beiden Seiten braun und knusprig braten; auf Küchenpapier abtropfen und abkühlen lassen. Die Scheiben in kleine Stücke brechen.

Den Boden eines großen Dämpfkorbs mit Backpapier belegen. In das Papier Löcher stechen. Die Blumenkohlröschen in den Korb legen. Den Korb schließen und in den Wok oder in einen Topf über kochendes Wasser setzen. Den Blumenkohl 5–6 Minuten dämpfen, bis die Röschen weich sind.

Den Blumenkohl auf einer Servierplatte anrichten. Mit einem Löffel die Zwiebelmischung darauf verteilen. Das Ganze mit Speck bestreuen und sofort servieren.

Brokkolini mit Bohnen-Erbsen-Pesto

Für 4 Personen

100 g **Tiefkühl-Erbsen**

100 g **Dicke-Bohnen-Kerne**

40 g **Parmesan**, gerieben

4 EL in feine Streifen geschnittenes **Basilikum**

1 **Knoblauchzehe**, zerdrückt

2 TL in Streifen abgezogene unbehandelte **Zitronenschale**

30 g grob gehackte geröstete **Pekannüsse**

4 EL **Olivenöl**

450g **Brokkolini** (Spargelbrokkoli) oder **Brokkoli**

Erbsen und **Bohnenkerne** dämpfen, bis sie halb gegart sind.

Parmesan, Basilikum, Knoblauch und **Zitronenschale** in die Küchenmaschine geben und alles grob **zerkleinern**.

Erbsen und Bohnenkerne in einen Dämpfeinsatz geben. Den Dämpfeinsatz in einen passenden Topf über kochendes Wasser setzen und den Deckel auflegen. Die Hülsenfrüchte 2 Minuten dämpfen, bis sie halb gegart sind.

Erbsen und Bohnen in einen Durchschlag schütten und mit kaltem Wasser abschrecken. Gut abtropfen lassen, dann in die Küchenmaschine geben. Parmesan, Basilikum, Knoblauch, Zitronenschale sowie Salz und Pfeffer aus der Mühle hinzufügen und alles in kurzen Intervallen grob zerkleinern. Die Mischung in eine große Schüssel füllen, Nüsse und Olivenöl unterrühren. Das Pesto mit Salz und Pfeffer aus der Mühle abschmecken.

Die Brokkolini in den Dämpfeinsatz geben und zugedeckt 5 Minuten dämpfen, bis das Gemüse knapp gar ist.

Das Pesto mit 2 EL Dämpfflüssigkeit verdünnen, dann die heißen Brokkolini hinzufügen und alles behutsam mischen. Sofort servieren.

Spargelbündel mit Käsehaube

Für 4 Personen

12 grüne **Spargelstangen**

1 EL bestes **Olivenöl**

1 EL **Zitronensaft**

4 Scheiben **luftgetrockneter Schinken**

75 g **Ricotta** oder **Magerquark**

25 g **Parmesan**, gerieben

Von den Spargelstangen die harten Enden abschneiden und die Stangen im unteren Drittel schälen. Die Stangen quer halbieren und in einen Dämpfkorb legen. Den Korb schließen und in den Wok oder in einen Topf über kochendes Wasser setzen. Den Spargel 5–7 Minuten dämpfen, bis er weich ist.

Den Spargel in eine Schüssel geben und mit dem Olivenöl, dem Zitronensaft und etwas Salz und Pfeffer aus der Mühle mischen. Bündel aus je 6 Spargelhälften (3 mit, 3 ohne Köpfe) in die Schinkenscheiben wickeln. Die Bündel auf ein mit Backpapier belegtes Backblech legen. Den Backofengrill vorheizen.

Den Ricotta oder Quark mit dem Parmesan verrühren und die Mischung auf den Schinken streichen. Das Blech unter den heißen Grill schieben und die Bündel etwa 10 Minuten grillen, bis die Käsecreme etwas Farbe angenommen hat. Die Spargelbündel sofort servieren.

Warmer Kartoffel-Bohnen-Salat

Für 4 Personen

8 **Frühkartoffeln**, je nach Größe halbiert oder geviertelt

250 g **Dicke-Bohnen-Kerne**, enthülst (siehe Tipp)

1 **Frühlingszwiebel**, in dünne Ringe geschnitten

2 EL bestes **Olivenöl**

1 EL **Rotweinessig**

1–2 EL sehr kleine **Kapern** (Nonpareilles)

1 kleine Handvoll **glatte Petersilie**, grob gehackt

Die Kartoffeln in einen Dämpfkorb geben. Den Korb schließen und in den Wok oder in einen Topf über kochendes Wasser setzen. Die Kartoffeln in 10 Minuten weich dämpfen. In eine Schüssel geben und mit Alufolie bedecken, um sie warm zu halten.

Anschließend die Bohnen in den Dämpfkorb geben und zugedeckt etwa 5 Minuten dämpfen, bis sie weich sind.

Inzwischen das Öl mit dem Essig sowie Salz und Pfeffer aus der Mühle zu einem Dressing verrühren. Bohnen zu den Kartoffeln geben. Frühlingszwiebeln, Dressing, Kapern und Petersilie hinzufügen und alles behutsam mischen. Sofort servieren.

Tipp **Dicke-Bohnen-Kerne müssen nicht enthülst werden. Wenn Sie es trotzdem tun möchten, die Bohnen weich dämpfen, dann mit kaltem Wasser abschrecken. Sobald sie kühl genug zum Anfassen sind, die Bohnen an einem Ende zwischen zwei Finger nehmen und die Kerne aus den Hülsen drücken.**

Schlangenbohnenbündel mit würzigen Erdnüssen

Für 6 Personen

Würzige Erdnüsse

100 g geröstete **Erdnusskerne**

1 **Knoblauchzehe**, fein gewürfelt

1 EL geriebener frischer **Ingwer**

1/2 TL **gemahlene Fenchelsamen**

1 große **rote Chilischote**, von den Samen befreit und fein gehackt

1 EL **brauner Zucker**

1/2 TL **Salz**

1 EL **Erdnussöl**

1 EL **Limettensaft**

3 EL **Röstschalotten** (siehe Tipp Seite 21)

2 EL gehacktes **Koriandergrün**

350 g **Schlangenbohnen** oder dünne **grüne Bohnen**, in 8 cm lange Stücke geschnitten

2 TL **Sesamöl**

12 Halme **Schnittknoblauch**

Die gerösteten Erdnüsse mit Knoblauch, Ingwer, Fenchel, Chili, Zucker und Salz in der Küchenmaschine grob zerkleinern. Das Öl in einer Pfanne bei mittlerer bis starker Hitze heiß werden lassen. Die Nussmischung darin unter kräftigem Rühren 2–3 Minuten braten, bis sie Farbe annimmt und duftet. Den Limettensaft und die Röstschalotten hinzufügen und 1 Minute mitbraten. Vom Herd nehmen, beiseitestellen und etwas abkühlen lassen, dann das Koriandergrün unterrühren.

Inzwischen die Bohnenstücke in einen Dämpfkorb geben. Den Korb schließen und in den Wok oder in einen Topf über kochendes Wasser setzen. Die Bohnen etwa 5 Minuten dämpfen, bis die Stücke weich sind. Herausnehmen, beiseitestellen und kurz abkühlen lassen. Anschließend das Sesamöl untermischen.

Die Bohnenstücke zu 12 gleich großen Bündeln zusammenfassen und diese mit den Schnittknoblauchhalmen zusammenbinden. Die Bündel auf eine Servierplatte legen und die Erdnussmischung darauf verteilen. Sofort servieren.

Kartoffel-Käse-Schnee

Für 4 Personen

1 kg **mehligkochende Kartoffeln**, geschält und in gleich große Stücke geschnitten

2 **Knoblauchzehen**, zerdrückt

125 ml **Milch**

125 g geriebener **Greyerzer** oder ein anderer würziger **Bergkäse**

Die Kartoffeln in einen Dämpfkorb geben. Den Korb schließen und in den Wok oder in einen Topf über kochendes Wasser setzen. Die Kartoffeln 20–30 Minuten dämpfen, bis die Stücke weich sind.

Die Kartoffeln in eine Schüssel geben, Knoblauch und Milch hinzufügen. Kartoffeln mit einem Kartoffelstampfer zerdrücken und anschließend mit einem Schneebesen zu lockerem Schnee schlagen. Den Kartoffelschnee mit Salz und schwarzem Pfeffer aus der Mühle abschmecken. Den Käse unterrühren und den Kartoffelschnee cremig schlagen, bis der Käse geschmolzen ist.

Kuchen & Desserts

Orangen in Gewürzsirup

Für 4 Personen

4 **Orangen**, geschält und quer in 1 cm dicke Scheiben geschnitten
200 g **griechischer Sahnejoghurt**
3 EL **Crème double**
1 TL flüssiger **Honig**

Sirup

2 **Vanilleschoten**, längs halbiert
125 g **brauner Zucker**
1 **Sternanis**
1 **Zimtstange**
1 EL **Orangenblütenwasser** (siehe Tipp)
in dicken Streifen abgezogene Schale von 1 unbehandelten **Orange**

Die Orangenscheiben auf einen Teller legen, der in einen großen Dämpfkorb passt. Den Teller in den Korb stellen. Den Korb schließen und in den Wok oder in einen Topf über kochendes Wasser setzen. Die Orangen 5–8 Minuten dämpfen, bis die Scheiben warm sind und Saft abgeben. Den Teller vorsichtig aus dem Korb nehmen. Die Orangenscheiben mit einer Palette in eine Schüssel heben, den Teller mit dem Saft beiseitestellen.

Für den Sirup das Mark aus den Vanilleschoten schaben. Den Zucker mit 200 ml Wasser in einem kleinen Topf bei mittlerer Hitze heiß werden lassen, dabei rühren, bis der Zucker sich aufgelöst hat. Sternanis, Vanilleschoten und -mark, Zimtstange, Orangenblütenwasser, Orangenschale und den beim Dämpfen ausgetretenen Saft hinzufügen. Das Ganze 10 Minuten köcheln lassen, bis die Flüssigkeit auf die Hälfte eingekocht ist. Die Orangenscheiben mit dem Sirup begießen. Abkühlen lassen, dann für 1 Stunde in den Kühlschrank stellen.

Erst kurz vor dem Servieren den Joghurt mit der Crème double und dem Honig verrühren. Je 3–4 Orangenscheiben auf Portionsteller geben, mit einem Stück Vanilleschote garnieren und mit Sirup beträufeln. Honig-Joghurt dazu reichen.

Tipp

Orangenblütenwasser ist ein wesentlicher Bestandteil vieler orientalischer Gerichte. Sie bekommen es in Bioläden, türkischen Lebensmittelgeschäften und gelegentlich in der Backabteilung eines gut sortierten Supermarkts.

Biskuitroulade mit Passionsfruchtsahne

Für 8 Personen

4 **Eier**, getrennt

175 g feiner **Zucker**

Mark von 1/2 **Vanilleschote**

90 g **Speisestärke**

3 EL **Mehl**

1 1/2 TL **Backpulver**

2 EL **Puderzucker**, zum Bestäuben

Passionsfruchtsahne

300 g **Sahne**

3 EL **Puderzucker**, gesiebt

1–2 **Passionsfrüchte** oder **Maracujas**, 2 EL Fruchtfleisch herausgelöffelt

Die Form in das tiefe Backblech stellen und so viel **heißes** Wasser in das Blech gießen, dass die **Form** halb hoch darin steht.

Die Biskuitplatte mithilfe des Backpapiers **behutsam** zu einer **Roulade** aufrollen.

Den Backofen auf 180 °C vorheizen. Eine etwa 3 cm hohe Backform, die etwas kleiner als das tiefe Backblech ist, mit Backpapier auskleiden.

In einer großen Schüssel die Eiweiße mit 1 Prise Salz mit den Quirlen des elektrischen Handrührgeräts zu nicht zu steifem Schnee schlagen. Nach und nach den Zucker darunterschlagen, bis die Mischung dick-schaumig ist und glänzt. Die Eigelbe und das Vanillemark hinzufügen und unterarbeiten.

Die Speisestärke in einer zweiten Schüssel mit Mehl und Backpulver mischen. Die Mischung zweimal sieben, dann behutsam unter die Eigelbmischung heben; nicht zu lange rühren, damit der Biskuit schön luftig wird.

Die Masse in die Form füllen und mit einem Teigspatel glatt streichen. Die Form mit Alufolie verschließen und in das tiefe Backblech stellen. So viel heißes Wasser in das Blech gießen, dass die Form halb hoch darin steht. Die Biskuitmasse im heißen Ofen 35–45 Minuten backen, bis sie goldgelb ist und sich elastisch anfühlt. 1 Minute in der Form abkühlen lassen, dann mit einem Messer am Rand der Form entlangfahren, um die Biskuitplatte zu lösen. Ein großes Stück Backpapier auf die Arbeitsfläche legen. Die Biskuitplatte daraufstürzen und das mitgebackene Papier vorsichtig abziehen. Die Teigplatte mithilfe des frischen Backpapiers von einer Längsseite her aufrollen. Das muss geschehen, solange die Platte heiß ist, damit sie nicht aufreißt. Die Rolle 20 Minuten abkühlen lassen.

Inzwischen die Sahne mit dem Puderzucker steif schlagen. Das Passionsfruchtfleisch mitsamt den Kernchen unterheben. Die Biskuitrolle entrollen, mit der Sahne bestreichen und erneut aufrollen. Mit Puderzucker bestäuben und sofort servieren. Die Roulade schmeckt am Tag der Zubereitung am besten.

Feigen-Haselnuss-Küchlein

Für 6 Stück

75 g **Haselnusskerne**
150 ml **Orangensaft**
100 g **getrocknete Feigen**, gehackt
1/4 TL **gemahlener Ingwer**
1/4 TL **gemahlener Zimt**
3 TL abgeriebene unbehandelte **Orangenschale**
1/2 TL **Speisenatron**
80 g weiche **Butter**
125 g **Zucker**
1 **Ei**
100 g **Mehl**, mit 1 Messerspitze **Backpulver** vermischt
2 EL **Ahornsirup**
6 **getrocknete Feigen**, horizontal halbiert
geschlagene **Sahne**, zum Servieren

Den Backofen auf 200 °C vorheizen. Die Nüsse auf einem Backblech ausbreiten und 10–15 Minuten rösten; auf ein Geschirrtuch schütten und die Häute damit abreiben. Nüsse in der Küchenmaschine fein zerkleinern. Sechs Auflaufförmchen (je 250 ml Inhalt) fetten und nur die Böden mit Backpapier auskleiden.

Den Orangensaft in einem Topf bei mittlerer Hitze aufkochen lassen. Gehackte Feigen, Ingwer, Zimt und 1 TL Orangenschale dazugeben und 1 Minute mitkochen. Vom Herd nehmen und das Speisenatron unterrühren (dabei schäumt die Flüssigkeit auf). Beiseitestellen und 10 Minuten abkühlen lassen.

Inzwischen die Butter mit dem Zucker in einer großen Schüssel mit den Quirlen des elektrischen Handrührgeräts hell und schaumig schlagen. Die Eier hinzufügen und unterarbeiten. Die Nüsse unterrühren, dann das Mehl in drei Portionen hinzufügen und unter die Mischung schlagen; erst die nächste Portion dazugeben, wenn die vorige komplett untergearbeitet ist. Die Orangensaftmischung zur Nussmasse geben und beides miteinander verrühren.

Den Ahornsirup auf die Böden der Förmchen gießen und die restliche Orangenschale (2 TL) darauf verteilen. Je 2 Feigenhälften auf die Böden der Förmchen legen und die Nuss-Orangen-Masse mit einem Löffel zwei Drittel hoch in die Förmchen füllen. Die Förmchen fest mit Alufolie verschließen und in ein tiefes Backblech stellen. So viel heißes Wasser in das Blech gießen, dass die Förmchen halb hoch darin stehen. Die Küchlein 35 Minuten backen, bis sie durchgegart sind. Die Förmchen aus dem Blech nehmen und 5 Minuten abkühlen lassen, dann die Küchlein auf Teller stürzen und mit der Sahne servieren.

Gebackene Zitronen-Limetten-Creme

Für 6 Personen

4 **Eier**

2 **Eigelb**

175 g feiner **Zucker**

100 ml **Zitronensaft**

2 1/2 TL **Limettensaft**

abgeriebene Schale von 2 unbehandelten **Limetten**

300 g **Sahne**

Mini-Baisers, zum Servieren

Crème double, zum Servieren

Kandierte Zitronen

125 g **Zucker**

1 unbehandelte **Zitrone**, in sehr dünne Scheiben geschnitten

Den Backofen auf 160 °C vorheizen. Eine ofenfeste Form, in der sechs Auflaufförmchen (je 200 ml Inhalt) Platz haben, mit einem Geschirrtuch auslegen. Die Förmchen in die Form stellen.

Eier, Eigelbe und Zucker in eine große Schüssel geben und mit einem Schneebesen schlagen, bis eine helle, glatte Creme entstanden ist. Erst Zitronensaft sowie Limettensaft und -schale, dann die Sahne unterrühren. Die Mischung auf die Förmchen verteilen. So viel heißes Wasser in die Form gießen, dass die Förmchen halb hoch darin stehen. Die Cremes 30 Minuten im Ofen backen, bis sie gerade eben gestockt sind, dann die Förmchen aus der Form nehmen und abkühlen, später im Kühlschrank kalt werden lassen.

Inzwischen für die kandierten Zitronen den Zucker mit 125 ml Wasser in einen Topf geben. Bei mittlerer Hitze rühren, bis der Zucker sich aufgelöst hat. Die Zitronenscheiben hinzufügen und die Flüssigkeit aufkochen, dann bei mittlerer Hitze ohne Rühren 5–10 Minuten köcheln lassen, bis der Sirup etwas eingekocht ist. Vom Herd nehmen und abkühlen lassen, dann bis zum Servieren im Kühlschrank aufbewahren.

Auf jede Zitronen-Limetten-Creme 1 kandierte Zitronenscheibe legen und etwas Sirup darüberträufeln. Die Cremes mit Mini-Baisers und Crème double oder geschlagener Sahne servieren.

Bananen-Birnen-Päckchen mit Passionsfruchtsauce

Für 4 Personen

20 g **Butter**

2 EL **Ahornsirup**

4 **Bananen**, in große Stücke geschnitten

3 reife **Birnen**, geschält, geviertelt, von den Kerngehäusen befreit

Vanilleeiscreme, zum Servieren (nach Belieben)

Passionsfruchtsauce

4 große **Passionsfrüchte** oder **Maracujas**

2 EL **Zucker**

Den Backofen auf 180 °C vorheizen. Aus Backpapier vier 30 cm große Quadrate zurechtschneiden.

Die Butter mit dem Ahornsirup in einen kleinen Topf geben und bei schwacher Hitze zerlassen. Bananenstücke und Birnenviertel auf die Papierstücke verteilen. Die Buttermischung mit einem Löffel darübergeben.

Die Papierstücke zu Päckchen formen: zwei gegenüberliegende Kanten über die Füllung falten und fest zusammenfalten. Die Seiten ebenfalls fest zusammenfalten, damit keine Flüssigkeit auslaufen kann. Die Päckchen auf ein Backblech setzen und für 10 Minuten in den heißen Ofen geben, bis die Bananen weich, aber noch nicht matschig sind.

Inzwischen für die Fruchtsauce die Früchte halbieren, das Fruchtfleisch in eine kleine Schüssel geben und mit dem Zucker verrühren.

Zum Servieren Obst und Garflüssigkeit aus den Päckchen nehmen und auf Tellern anrichten. Mit der Sauce beträufeln. Nach Belieben Vanilleeiscreme dazu reichen.

Orangen-Mandel-Mohn-Küchlein mit Orangensauce

Für 4 Stück

1 unbehandelte **Orange**

100 g gemahlene **Mandeln**

80 g **Zucker**

1 EL **Mohnsamen**

1 TL **Backpulver**

2 **Eier**, leicht verquirlt

geschlagene **Sahne** oder **Eiscreme**, zum Servieren

Orangensauce

in dünnen Streifen abgezogene Schale von 1 unbehandelten **Orange**

4 EL **Orangensaft**

50 g **Zucker**

2 EL stückige **Orangenmarmelade**

Die Orange in einen Topf geben und mit Wasser bedecken. Das Wasser aufkochen, dann bei schwacher Hitze etwa 45 Minuten köcheln lassen; dabei muss die Orange stets mit Wasser bedeckt sein. Abgießen und die Orange mit kaltem Wasser abschrecken; abkühlen lassen. Die kalte Orange vierteln und von den Kernen befreien. Schale und Fruchtfleisch in die Küchenmaschine geben und glatt pürieren.

Den Backofen auf 180 °C vorheizen. Die Böden von vier extra großen Muffinmulden oder ofenfesten Tassen (je 250ml Inhalt) fetten und mit Backpapier belegen. Eine ofenfeste Form in den Backofen stellen; zur Hälfte mit heißem Wasser füllen.

Gemahlene Mandeln, Zucker, Mohn und Backpulver in einer Schüssel mischen. Eier und Orangenpüree hinzufügen und unterrühren. Die Masse in die vorbereiteten Mulden oder Tassen geben und glatt streichen, dann je ein Stück großzügig gefettetes Backpapier auf die Oberflächen legen.

Muffinblech bzw. Tassen in die Form stellen und die Küchlein 30 Minuten backen, bis sie sich fest anfühlen und sich etwas von den Rändern der Formen lösen. Aus dem Ofen nehmen und 5 Minuten in den Förmchen abkühlen lassen, dann stürzen und das Backpapier abziehen.

Inzwischen für die Orangensauce die Orangenschale mit dem Orangensaft und dem Zucker in einen Topf geben und bei schwacher Hitze rühren, bis der Zucker sich aufgelöst hat. Die Marmelade unterrühren und die Sauce bei starker Hitze dick und sirupartig einkochen lassen.

Die Küchlein mit den Unterseiten nach oben auf Teller setzen, mit der Orangensauce beträufeln und nach Belieben mit Sahne oder Eiscreme garnieren. Die Küchlein schmecken warm oder mit Raumtemperatur am besten.

Schale und Fruchtfleisch der **Orange** in die Küchenmaschine geben und **glatt** pürieren.

Die **Marmelade** unterrühren und die Sauce dick und **sirupartig** einkochen lassen.

Warmer Dörrobstsalat mit Honig-Joghurt

Für 4 Personen

400 g **gemischtes Dörrobst** (z. B. Pflaumen, Apfel, Aprikosen und Birnen)

1 **Zimtstange**, halbiert

30 g gehobelte **Mandeln**, geröstet

Honig-Joghurt

200 g **griechischer Sahnejoghurt**

2 EL **Honig**

2 TL **Rosenwasser**

Das Dörrobst mit dem Zimt auf einen großen Teller geben, der in einen großen Dämpfkorb passt. Den Teller in den Korb setzen. Den Korb schließen und in den Wok oder in einen Topf über kochendes Wasser setzen. Das Obst 20–25 Minuten dämpfen, bis es prall und aufgequollen ist.

Die Zutaten für den Honig-Joghurt in einer Schüssel verrühren.

Das gedämpfte Obst auf vier Dessertschalen verteilen, mit den gehobelten Mandeln bestreuen und servieren. Den Honig-Joghurt dazu reichen.

Kokosreis mit Mango

Für 4 Personen

400 g **Klebreis** (siehe Tipp Seite 353)

250 ml **Kokosmilch**

60 g plus 2 TL **Palmzucker** oder **Zucker**

4 **Kaffirlimettenblätter**, zerdrückt

1 Stängel **Zitronengras**, angedrückt

2 **Mangos**

1 **Limette**, geviertelt

Den **Reis** in einem mit Backpapier ausgekleideten Korb dämpfen, bis er **weich** ist.

Die **Kokos**mischung zum Reis gießen, diesen dabei mit einer Gabel **auflockern**.

Den Reis unter fließendem kaltem Wasser abspülen, bis das ablaufende Wasser klar bleibt. In eine Schüssel geben, mit kaltem Wasser bedecken und über Nacht einweichen; anschließend abgießen.

Einen großen Dämpfkorb mit Backpapier auskleiden. In das Papier Löcher stechen. Den Korb schließen und in den Wok oder in einen Topf über kochendes Wasser setzen. Den Reis dämpfen, bis er weich ist; das dauert, je nach Größe des Korbes, 30–60 Minuten.

Inzwischen die Kokosmilch, 60 g Zucker, die Kaffirlimettenblätter und das Zitronengras in einen kleinen Topf geben und bei schwacher Hitze rühren, bis der Zucker sich aufgelöst hat. Das Ganze bei mittlerer Hitze 5 Minuten köcheln lassen, bis die Flüssigkeit eingedickt ist.

Den gedämpften Reis in eine große Schüssel geben. Die Kokosmischung dazugießen, diesen dabei mit einer Gabel auflockern, bis alles gut gemischt ist; nicht rühren! Zudecken und 10 Minuten durchziehen lassen, dann Zitronengras und Limettenblätter entfernen.

Die Mangohälften vom Stein schneiden. Das Fruchtfleisch rautenförmig einschneiden, dabei die Schalen nicht verletzen. Von unten auf die Schalen drücken, um das Fruchtfleisch nach außen zu stülpen. Mit 2 EL Zucker bestreuen, dann mit dem Reis und den Limettenvierteln auf Tellern anrichten.

Tipp **Klebreis wird in der asiatischen Küche für süße und pikante Speisen verwendet. Er muss vor dem Garen über Nacht eingeweicht werden. Sollte die Zeit dafür nicht reichen, kann man den Reis auch nur etwa 6 Stunden einweichen; die Garzeit verlängert sich dann allerdings um etwa 30 Minuten.**

Vanille-Zimt-Pudding mit Kirschen

Für 6 Stück

1 Glas entsteinte **Kirschen** (425 g)

250 ml **Milch**

125 g **Sahne**

1 **Vanilleschote**, aufgeschlitzt

1 **Zimtstange**, halbiert

3 **Eier**

2 **Eigelb**

150 g plus 100 g **Zucker**

3 EL **Kirschwasser**

Den Backofen auf 160 °C vorheizen. Sechs ofenfeste Förmchen mit rundem Boden (je 125 ml Inhalt) dünn fetten. Die Kirschen in ein Sieb schütten und abtropfen lassen; den Saft auffangen.

Die Milch in einem Topf mit der Sahne verrühren. Das Mark aus der Vanilleschote herausschaben und mit der Schote und dem Zimt zur Milch-Sahne-Mischung geben. Die Flüssigkeit bis kurz unter dem Siedepunkt erhitzen, dann den Topf vom Herd nehmen.

Eier, Eigelbe und 150 g Zucker in einer Schüssel mit einem Schneebesen verquirlen. Nach und nach die heiße Milch-Sahne-Mischung unterrühren und die Masse durch ein Sieb in eine saubere Schüssel geben.

In jedes Förmchen 2–3 Kirschen geben. Die Masse auf die Förmchen verteilen. Die Förmchen in eine ofenfeste Form stellen und so viel heißes Wasser in die Form gießen, dass die Förmchen halb hoch darin stehen. Die Förmchen fest mit Alufolie verschließen und die Puddinge 45–50 Minuten garen. Zur Garprobe ein Stäbchen in die Mitte stechen. Ist es nach dem Herausziehen sauber, sind die Puddinge gar. Die Förmchen aus der Form heben; 3 Minuten später die Puddinge auf Portionsteller stürzen.

Aufgefangenen Kirschsaft mit 100 g Zucker und Kirschwasser in eine Pfanne mit schwerem Boden geben. Bei schwacher Hitze rühren, bis der Zucker sich aufgelöst hat; restliche Kirschen hinzufügen. Aufkochen, dann bei schwacher Hitze die Flüssigkeit sirupartig einkochen. Kirschkompott über die Puddinge schöpfen.

Pfeffernuss-Käsekuchen-Töpfchen

Für 6 Personen

6 kleine **Pfefferkuchen**

300 g **Sahne**

250 g **Doppelrahmfrischkäse**, cremig gerührt

2 **Eier**

75 g **Zucker**

2 TL abgeriebene unbehandelte **Limettenschale**

4 EL **Limettensaft**

Den Backofen auf 160 °C vorheizen. In sechs Auflaufförmchen (je 175 ml Inhalt) je 1 Pfefferkuchen legen.

Sahne, Frischkäse, Eier, Zucker, Limettenschale und -saft mit den Schneebesen des elektrischen Handrührgeräts oder in der Küchenmaschine glatt verrühren. Die Käsemasse auf die Förmchen verteilen.

Die Förmchen in eine ofenfeste Form stellen und so viel heißes Wasser in die Form gießen, dass die Förmchen halb hoch darin stehen.

Die Käsekuchen-Töpfchen 50 Minuten backen, bis sie in der Mitte gestockt sind und oben leicht gebräunt sind. Die Töpfchen aus der Form nehmen und vor dem Servieren auf Raumtemperatur abkühlen lassen.

Tipp **Dieses Dessert schmeckt ungekühlt am besten, weil so die Pfefferkuchen knusprig bleiben. Sollten Sie es jedoch im Voraus zubereiten müssen, können Sie die Töpfchen im Kühlschrank aufbewahren und vor dem Servieren Raumtemperatur annehmen lassen.**

Gedämpfter Möhren-Ingwer-Kuchen

Für 6 Personen

60 g weiche **Butter**

50 g **brauner Zucker**

50 g **Zucker**

2 **Eier**

4 EL **Milch**

75 g **geraspelte Möhre**

2 EL fein gehackter **kandierter Ingwer**

90 g **Mehl**, vermischt mit 1 Messerspitze **Backpulver** und gesiebt

1/2 TL **Speisenatron**

1/2 TL **Lebkuchengewürz**

2 EL heller **Zuckerrohr**- oder **Zuckerrübensirup**

Ein großes Stück Backpapier auf den Boden eines Dämpfkorbs (20 cm Ø) legen, dann an der Korbwand entlang in Falten legen und über den Rand hängen lassen. Das Papier mit Olivenöl bestreichen.

Die Butter in einer großen Schüssel mit beiden Zuckersorten mit den Quirlen des elektrischen Handrührgeräts cremig schlagen. Die Eier nacheinander hinzufügen und unterarbeiten. Milch, Möhrenraspel und Ingwer unterrühren, dann Mehl, Natron und Lebkuchengewürz dazugeben und kurz unterrühren.

Die Masse in den Dämpfkorb geben und glatt streichen. Den Korb schließen und in den Wok oder in einen Topf über kochendes Wasser setzen. Die Masse etwa 30 Minuten dämpfen, bis sie in der Mitte gestockt ist, dann mithilfe des Papiers aus dem Korb heben und mit dem Sirup beträufeln. Zum Servieren den Kuchen noch lauwarm in Stücke schneiden und nach Belieben Schlagsahne, Eiscreme oder Vanillesauce dazu reichen.

Gedämpfter Gewürzkuchen mit exotischem Trockenobst

Für 2 Kuchen; jeder reicht für 10 Personen

750 g gemischtes **Dörrobst**

50 g **getrocknete Mango**, fein gewürfelt

50 g **getrockneter Pfirsich**, fein gewürfelt

50 g **getrocknete Banane**, fein gewürfelt

50 g **getrocknete Feigen**, fein gehackt

100 g **kandierter Ingwer**, gehackt

1 **Apfel** (z. B. Granny Smith), geschält und gerieben

1 EL abgeriebene unbehandelte **Orangenschale**

1 EL abgeriebene unbehandelte **Limettenschale**

100 g **Macadamianüsse**, gehackt

250 ml **dunkles Bier**

2 1/2 EL **brauner Rum**

200 g **Mehl**

1 1/2 TL **Backpulver**

1 TL geriebene **Muskatnuss**

1 1/2 TL **gemahlener Zimt**

1 1/2 TL **Lebkuchengewürz**

250 g **frische Brotkrumen**

500 g **brauner Zucker**

250 g **Butter**

4 **Eier**, leicht verquirlt

Vanillesauce, zum Servieren

Das gesamte Obst mit Orangen- und Limettenschale sowie den Nüssen in eine große Schüssel geben. Bier und Rum hinzufügen. Die Schüssel mit Frischhaltefolie verschließen und über Nacht in den Kühlschrank stellen. Das Obst währenddessen ein- oder zweimal umrühren.

Mehl, Backpulver und Gewürze in eine große Schüssel sieben. Brotkrumen und Zucker hinzufügen und untermischen.

Die Butter in einem kleinen Topf zerlassen; die Eier mit einem Schneebesen darunterschlagen. Die Mischung unter das eingeweichte Obst rühren, dann die Mehlmischung hinzufügen und glatt unterarbeiten.

Zwei Schüsseln mit Relief-Rand (je 1,25 l Inhalt) mit zerlassener Butter ausfetten. Auf den Boden jeder Schüssel einen Kreis aus Backpapier legen. In zwei Töpfe, in denen die Schüsseln jeweils Platz haben, je eine umgedrehte Untertasse oder einen Dreifuß geben und die Schüsseln daraufstellen. So viel Wasser in die Töpfe gießen, dass die Schüsseln halb hoch darin stehen. Die Schüsseln aus den Töpfen nehmen, das Wasser aufkochen lassen.

Den Teig auf die Schüsseln verteilen. Ein Stück Alufolie auf der Arbeitsfläche ausbreiten und mit einer Lage Backpapier bedecken. In die Mitte eine breite Falte machen und das Backpapier mit zerlassener Butter bestreichen. Folie und Papier mit der Papierseite nach unten auf eine Schüssel legen. Den Folien-Papier-Deckel unter dem Rand der Schüssel mit Küchengarn festbinden, dabei aus dem Garn auch einen Griff formen – den brauchen Sie später, um die Schüssel nach dem Dämpfen aus dem Topf zu heben. Mit der zweiten Schüssel ebenso verfahren.

Die Schüsseln vorsichtig in die Töpfe mit kochendem Wasser senken. Die Kuchen bei schwacher Hitze etwa 4 Stunden dämpfen, dabei den Wasserspiegel im Auge behalten und, falls nötig, heißes Wasser auf die vorherige Höhe nachgießen. Zur Garprobe einen Spieß in die Kuchen stechen: Wenn nach dem Herausziehen kein Teig mehr daran haftet, sind die Kuchen gar. Kuchen herausnehmen, die Abdeckung von den Schüsseln nehmen und die Kuchen auf eine Kuchenplatte stürzen. Warm und mit Vanillesauce servieren.

Tipp **Dieses Rezept ergibt zwei Kuchen. Falls Sie nur einen servieren wollen, sollten Sie den anderen fest in Folie wickeln. Er hält sich, an einem kühlen, lichtgeschützten Platz, bis zu 6 Monate. Vor dem Servieren einfach in der Schüssel 1 Stunde über Dampf auffrischen.**

Obst, **Zitrusschalen** und Nüsse in eine Schüssel geben und mit **Bier und Rum** begießen.

Folie und Papier auf die Schüsseln geben und mit **Küchengarn** festbinden, dabei oben einen **Griff** anbringen.

Kartoffel-Schokoladen-Muffins

Für 12 Stück

1 **Kartoffel**, geschält und geviertelt

125 g weiche **Butter**

150 g feiner **Zucker**

2 **Eier**, leicht verquirlt

125 g **saure Sahne**

100 g **Zartbitter-Schokotropfen**

200 g **Mehl**

1 TL **Backpulver**

1/2 TL **Speisenatron**

30 g **Kakaopulver**

4 EL **Milch**

Die Kartoffelviertel in einen Dämpfkorb geben. Korb schließen und in den Wok oder in einen Topf über kochendes Wasser setzen. Kartoffelviertel in 15–20 Minuten weich dämpfen; herausnehmen und mit einer Gabel zerdrücken.

Den Backofen auf 170 °C vorheizen. Die Mulden eines 12er-Muffinblechs dünn fetten oder mit Papierförmchen auskleiden. Boden und Seiten des Muffinblechs in ein großes Stück Alufolie hüllen, damit die Muffins während des Garens vor der Hitze des Wasserbads geschützt sind.

Mit den Quirlen des elektrischen Handrührgeräts die Butter mit dem Zucker in einer Schüssel hell und cremig schlagen. Zuerst ein Ei, dann das andere gründlich unterrühren. Die saure Sahne, anschließend das Kartoffelmus und zum Schluss die Schokotropfen unter die Masse mischen.

Mehl, Backpulver, Natron und Kakao in eine zweite Schüssel sieben. Die Mehlmischung abwechselnd mit der Milch unter die Kartoffelmischung rühren; nicht zu lange rühren, damit die Muffins nicht zäh werden. Die Masse drei Viertel hoch in den Muffinmulden verteilen. Das Muffinblech in das tiefe Backblech stellen. So viel heißes Wasser in das Backblech füllen, dass das Muffinblech halb hoch darin steht. Die Muffins 30–40 Minuten backen, bis bei der Stäbchenprobe kein Teig mehr am Holzspieß haftet. Falls nötig, zwischendurch heißes Wasser nachfüllen.

Das Muffinblech vorsichtig aus dem Wasserbad heben; 5 Minuten beiseitestellen. Muffins aus den Mulden nehmen und auf einem Kuchengitter abkühlen lassen.

Kürbiskuchen mit Feigen

Für 10–12 Stücke

300 g **Kürbis**, geschält, Kerne und wattiges Innere entfernt, in 3 cm große Stücke geschnitten
250 g weiche **Butter**
125 g **Zucker**
2 **Eier**, leicht verquirlt
1 EL **Ahornsirup**
175 g **getrocknete Feigen**, gehackt
30 g **Kokosraspel**
1/2 TL geriebene **Muskatnuss**
1 TL **gemahlene Gewürznelken**
2 TL **gemahlener Zimt**
250 g **Mehl**, mit 1 1/2 TL **Backpulver** vermischt und gesiebt
125 ml **Milch**

Die Form **außen** in ein großes Stück starke Alufolie hüllen. So ist der Kuchen vor der direkten Hitze des **Wasserbads** geschützt.

Feigen, **Kokosraspel** und **Kürbismus** behutsam unter den Teig heben.

Den Boden eines Dämpfkorbs mit Backpapier belegen. In das Papier Löcher stechen. Kürbisstücke in den Korb legen. Den Korb schließen und in den Wok oder in einen Topf über kochendes Wasser setzen. Die Kürbisstücke in 15 Minuten weich dämpfen, dann herausnehmen und mit einer Gabel zerdrücken.

Den Backofen auf 180 °C vorheizen. Eine quadratische Backform (18 x 18 cm) dünn ausfetten und anschließend mit Backpapier auskleiden. Boden und Seiten der Form in ein großes Stück feste Alufolie hüllen, damit der Kuchen vor der Hitze des Wasserbads geschützt ist.

Mit den Quirlen des elektrischen Handrührgeräts die Butter mit dem Zucker hell und schaumig schlagen. Nach und nach die Eier und den Ahornsirup hinzufügen und unterrühren. Erst mehr dazugeben, wenn die vorige Zugabe untergearbeitet ist. Feigen, Kokosraspel und Kürbismus mit einem Teigspatel behutsam unterheben. Muskat, Nelke, Zimt, die Hälfte des Mehls und die Hälfte der Milch unterziehen, bis keine Klümpchen mehr vorhanden sind. Das restliche Milch und die Hälfte der Milch untermischen. Nicht zu lange rühren!

Die Masse in die vorbereitete Form geben. Die Form in eine größere ofenfeste Form stellen. So viel heißes Wasser in die große Form gießen, dass die Backform halb hoch darin steht. Den Kuchen im heißen Ofen 1 Stunde 15 Minuten backen. Zur Garprobe einen Holzspieß in die Mitte stechen. Haftet nach dem Herausziehen kein Teig mehr daran, ist der Kuchen gar. Sollte der Kuchen zu dunkel werden, die Oberfläche mit Alufolie bedecken. Den Wasserstand alle 30 Minuten prüfen; falls nötig, heißes Wasser nachfüllen.

Die Form aus dem Wasserbad heben und für 10 Minuten beiseitestellen, dann den Kuchen aus der Form nehmen und auf ein Kuchengitter abkühlen lassen.

Tipp **Luftdicht verpackt hält sich dieser Kuchen bis zu einer Woche frisch.**

Ingwer-Grapefruit-Küchlein mit Mascarponecreme

Für 6 Stück

1 große unbehandelte **rosa Grapefruit**
40 g **eingelegter Ingwer**, abgetropft und fein gehackt, plus 3 TL **Sirup**
1 1/2 TL heller **Zuckerrohr-** oder **Zuckerrübensirup**
125 g weiche **Butter**
125 g **Zucker**
2 **Eier**, mit Raumtemperatur
200 g **Mehl**
1 TL **Backpulver**
1 TL **gemahlener Ingwer**
75 ml **Milch**

Mascarponecreme

125 g **Mascarpone**
125 g **Sahne**
1 EL **Puderzucker**, gesiebt

Backofen auf 175 °C vorheizen. Sechs Auflaufförmchen (je 175 ml Inhalt) fetten.

Von der Grapefruit 2 TL Schale fein abreiben, dann quer ein Drittel von der Frucht abschneiden. Das größere Grapefruitstück so dick schälen, dass auch die weiße Haut entfernt wird. Das Fruchtfleisch in sechs 1 cm dicke Scheiben schneiden. Aus dem kleineren Stück 3 TL Saft auspressen. Den Saft in einer Schüssel mit Ingwersirup und Zuckersirup verrühren. Diese Mischung auf die Förmchen verteilen und jeweils mit 1 Grapefruitscheibe bedecken.

Mit den Quirlen des elektrischen Handrührgeräts die Butter mit dem Zucker hell und cremig schlagen. Die Eier einzeln unterrühren. Mehl, Backpulver und gemahlenen Ingwer dazusieben. Milch, Grapefruitschale und gehackten Ingwer hinzufügen und alles gut mischen. Die Masse auf die Förmchen verteilen. Die Förmchen mit Alufolie verschließen und in eine ofenfeste Form mit hohem Rand stellen. So viel heißes Wasser in die Form gießen, dass die Förmchen halb hoch darin stehen. Die Form mit Alufolie verschließen und die Folienränder fest andrücken. Die Küchlein 30–35 Minuten backen, bis die Masse gestockt ist.

Die Zutaten für die Mascarponecreme in einer Schüssel cremig rühren.

Die warmen Küchlein auf Dessertteller stürzen und sofort servieren. Mascarponecreme dazu reichen.

Birnen mit Weingelee und Zitrussirup

Für 6 Personen

Weingelee

600 ml **Roséwein**

225 g **Zucker**

2 1/2 TL **gemahlene Gelatine**

6 kleine **Birnen**

1 **Sternanis**

1 **Zimtstange**

8 **Kardamomkapseln**

8 **Gewürznelken**

Zitrussirup

225 g **Zucker**

1 TL abgeriebene unbehandelte **Limettenschale**

1 EL **Limettensaft**

1 TL abgeriebene unbehandelte **Orangenschale**

1 EL **Orangensaft**

Für das Gelee den Wein in einem Topf aufkochen lassen. Topf vom Herd nehmen. Zucker zum Wein geben und rühren, bis er sich aufgelöst hat. Gelatine in eine Glasschüssel streuen und 250 ml heißen Wein dazugießen. Mit einer Gabel kräftig schlagen, bis die Gelatine sich aufgelöst hat. Den restlichen Wein unterrühren und die Gelierflüssigkeit auf sechs Puddingförmchen (je 125 ml Inhalt) verteilen. Erst abkühlen lassen, dann in 3–4 Stunden im Kühlschrank erstarren lassen.

Die Birnen schälen und von den Kerngehäusen befreien – die Stiele dabei nicht entfernen. Von den Birnen unten eine dünne Scheibe abschneiden, damit sie im Dämpfkorb nicht umfallen. Einen Topf oder den Wok halb hoch mit Wasser füllen. Sternanis, Zimt, Kardamom und Nelken hineingeben. Wasser aufkochen, dann bei mittlerer Hitze kräftig köcheln lassen. Birnen in einen Dämpfkorb setzen. Korb schließen und in Topf bzw. Wok setzen. Birnen in 15 Minuten weich dämpfen.

Für den Sirup den Zucker mit 250 ml Wasser in einen kleinen Topf geben. Bei schwacher Hitze rühren, bis der Zucker sich aufgelöst hat. Zitrusschale und -saft hinzufügen. Flüssigkeit aufkochen, dann bei schwacher Hitze 10–15 Minuten köcheln lassen (währenddessen nicht rühren). Vom Herd nehmen und die Birnen in den heißen Sirup setzen.

Ein Geleeförmchen bis knapp unter dem Rand in heißes Wasser tauchen. Einen Teller auf das Förmchen legen und beides zusammen umdrehen, damit das Gelee aus dem Förmchen gleitet. Die restlichen Gelees genauso stürzen. Die Birnen daneben anrichten und großzügig mit dem Sirup beträufeln.

Vanillepudding mit Beeren

Für 6 Stück

1 **Vanilleschote**, aufgeschlitzt

375 ml **Milch**

250 g **Sahne**

175 g plus 2 EL **Zucker**

3 **Eier**

3 **Eigelb**

150 g **Himbeeren**

150 g **Heidelbeeren**

250 g kleine **Erdbeeren**, größere Exemplare halbiert

Den Backofen auf 160 °C vorheizen. Sechs Auflaufförmchen (je 175 ml Inhalt) ausfetten. Eine ofenfeste Form mit einem Geschirrtuch auskleiden und die Förmchen hineinstellen.

Das Mark aus der Vanilleschote schaben. Milch, Sahne, Vanilleschote und -mark in einem Topf bei mittlerer Hitze aufkochen lassen; vom Herd nehmen und beiseitestellen. 175 g Zucker, Eier und Eigelbe in einer Schüssel mit einem Schneebesen hell und cremig schlagen, dann die heiße Milch-Sahne-Mischung nach und nach darunterschlagen. Das Ganze durch ein Sieb in einen Messbecher gießen, dann gleichmäßig auf die Förmchen verteilen.

So viel heißes Wasser in die große Form gießen, dass die Förmchen halb hoch darin stehen. Die Puddinge 45 Minuten backen, bis sie gerade eben gestockt sind. Die Förmchen aus der Form nehmen und auf Raumtemperatur abkühlen lassen. Mit Frischhaltefolie verschließen und über Nacht in den Kühlschrank stellen.

Beeren in einen Topf geben und mit 2 EL Zucker bestreuen. Bei mittlerer Hitze rühren, bis der Zucker sich aufgelöst hat und die Beeren glänzen. Vom Herd nehmen.

Kurz vor dem Servieren die Förmchen für 1 Minute in kochend heißes Wasser stellen, sofort auf Portionsteller stürzen, mit der Beerenmischung garnieren und servieren.

Birnen-Pekannuss-Kuchen

Für 8–10 Stücke

50 g **Pekannusskerne**

300 g **getrocknete Birnen**

150 g **Butter**

175 g **Zucker**

Mark von 1/2 **Vanilleschote**

3 **Eier**

185 g **Mehl**

2 TL **Backpulver**

1/2 TL **gemahlener Zimt**

1/2 TL **gemahlener Ingwer**

2 EL **Milch**

geschlagene **Sahne**, zum Servieren

Brauner-Zucker-Sirup

150 g **brauner Zucker** (vorzugsweise **Muscovado**)

1 TL **gemahlener Zimt**

4 EL **Weinbrand**

60 g weiche **Butter**

Den Backofen auf 180 °C vorheizen. Eine runde Backform (24 cm Ø) ausfetten und mit Backpapier auskleiden. Die Nüsse auf dem Boden der Form verteilen.

Die getrockneten Birnen mit warmem Wasser bedecken und 10–15 Minuten einweichen; mit Küchenpapier trocken tupfen.

Mit den Quirlen des elektrischen Handrührgeräts die Butter mit dem Zucker hell und schaumig schlagen. Das Vanillemark und die Eier unterrühren – das nächste Ei immer erst zugeben, sobald das vorherige gründlich untergerührt ist. Mehl, Backpulver, Zimt und Ingwer in eine Schüssel sieben. Zur Buttermischung geben und auf niedriger Stufe unterrühren. Milch hinzufügen und alles 1 Minute rühren.

Alle Zutaten für den Sirup in einen Topf geben und bei mittlerer Hitze unter Rühren 3 Minuten heiß werden lassen, bis der Zucker sich aufgelöst hat.

Den heißen Sirup auf die Nüsse in der Form gießen. Die Birnen auf den Nüssen verteilen. Den Teig mit einem Löffel daraufgeben und glatt streichen. Die Form mit Alufolie verschließen und in das tiefe Backblech stellen. So viel heißes Wasser in das Blech gießen, dass die Backform halb hoch darin steht. Den Kuchen 40 Minuten backen. Anschließend die Folie abnehmen und den Kuchen weitere 15 Minuten backen, bis er goldbraun und durchgegart ist (mit einem Holzspieß testen).

Den Kuchen etwa 5 Minuten in der Form ruhen lassen, dann auf eine Kuchenplatte stürzen und möglichst warm mit Schlagsahne servieren.

Den **Teig** mit einem Löffel auf die Birnen geben und **glatt streichen**.

So viel **heißes Wasser** in das Blech gießen, dass die Backform halb hoch darin steht.

Couscous-Aprikosen-Küchlein

Für 6 Stück

1 **Vanilleschote**, aufgeschlitzt

100g **getrocknete Aprikosen**, fein gewürfelt

900ml **Aprikosennektar**

1 EL abgeriebene unbehandelte **Zitronenschale**

1 **Zimtstange**

1/4 TL **gemahlene Gewürznelken**

1 EL **Zitronensaft**

185g **Couscous**

Vanillesauce, zum Servieren

Sechs Auflaufförmchen oder ofenfeste Tassen (je 250ml Inhalt) fetten. In jedes Förmchen einen Kreis aus Backpapier legen. Das Mark aus der Vanilleschote schaben. Aprikosen, Nektar, Zitronenschale, Vanilleschote und -mark sowie Zimtstange in einen Topf geben. Das Ganze bei mittlerer Hitze aufkochen, dann bei schwacher Hitze 5 Minuten köcheln lassen. Vom Herd nehmen und 5 Minuten ruhen lassen. Den Nektar durch ein Sieb in einen zweiten Topf gießen. Vanilleschote und Zimtstange aus dem Sieb nehmen, die Aprikosenwürfel auf die Förmchen verteilen.

Gemahlene Nelke, Zitronensaft und Couscous zum Aprikosennektar geben. Aufkochen, dann bei schwacher Hitze 8–10 Minuten köcheln lassen, bis der Couscous fast alle Flüssigkeit aufgenommen hat; die Mischung soll allerdings noch recht feucht sein.

Die Couscousmischung auf die Förmchen verteilen und glatt streichen. Die Förmchen mit Alufolie verschließen und in einen Dämpfkorb stellen. Den Korb schließen und in den Wok oder in einen Topf über kochendes Wasser setzen. Den Couscous 30 Minuten dämpfen, dabei den Wasserstand regelmäßig überprüfen.

Die Küchlein zum Servieren aus den Förmchen stürzen und heiß mit Vanillesauce servieren.

Gedämpfter Schoko-Nuss-Kuchen mit Kaffee-Amaretti-Sahne

Für 8 Stücke

125g weiche **Butter**

275g **Zucker**

3 **Eier**

90g **Mehl**

1 Messerspitze **Backpulver**

30g **Kakaopulver**

50g gemahlene **Haselnüsse**

125ml **Milch**

Kaffee-Amaretti-Sahne

1 EL **Instant-Kaffeepulver**

250g **Sahne**

8 **Amaretti** (italienische Mandelkekse), gehackt

1 1/2 –2 EL **Puderzucker**

Ein großes Stück Backpapier auf den Boden eines Dämpfkorbs drücken. An der Korbwand entlang in Falten legen und über den Rand hängen lassen. Das Papier mit Olivenöl bestreichen.

Mit den Quirlen des elektrischen Handrührgeräts die Butter mit dem Zucker in einer kleinen Schüssel cremig schlagen. Die Eier einzeln dazugeben und unterarbeiten. Die Mischung in eine große Schüssel geben.

Mehl, Backpulver und Kakao darübersieben. Nüsse und Milch dazugeben und alles verrühren. Die Masse in den Korb gießen. Den Korb schließen und in den Wok oder in einen Topf über kochendes Wasser setzen. Den Kuchen 35–40 Minuten dämpfen, bis die Masse auch in der Mitte gestockt ist. Den Kuchen mithilfe des Papiers aus dem Korb heben; auf einem Gitter auskühlen lassen.

Für die Kaffee-Amaretti-Sahne das Instant-Kaffeepulver in 1 EL heißem Wasser auflösen; abkühlen lassen. Die Sahne steif schlagen. Kaffee, Amaretti und Puderzucker darunterziehen. Den abgekühlten Kuchen mit der aromatisierten Sahne bestreichen und sofort servieren.

Limettenküchlein mit Brombeeren

Für 4 Stück

175g **Mehl**
1 TL **Backpulver**
50g **Zucker**
abgeriebene Schale von 1 unbehandelten **Limette**
2 **Eier**
200ml **Buttermilch**
20g **Butter**, zerlassen
Crème double, zum Servieren

Brombeersauce
300g **Zucker**
1 EL **Limettensaft**
1 EL **Brombeerlikör** (nach Belieben)
150g **Brombeeren**

Vier ofenfeste Förmchen (je 250ml Inhalt) ausfetten. Mehl und Backpulver in eine große Schüssel sieben, Zucker und Limettenschale unterrühren. Eine Mulde in die Mitte drücken. Eier und Buttermilch hineingeben und alles mit einem Schneebesen verrühren. Die zerlassene Butter untermischen.

Die Mischung auf die Förmchen verteilen. Die Förmchen jeweils mit einem Stück Backpapier bedecken, dann fest in Alufolie wickeln.

Die Förmchen in einen Dämpfkorb stellen. Den Korb schließen und in den Wok oder in einen Topf über kochendes Wasser setzen. Die Küchlein etwa 20 Minuten dämpfen, bis sie aufgegangen sind und sich fest anfühlen.

Für die Brombeersauce den Zucker mit 200ml Wasser in einen Topf geben. Bei schwacher Hitze rühren, bis der Zucker sich aufgelöst hat. Aufkochen, dann ohne Rühren 15–20 Minuten bei schwacher Hitze köcheln lassen, bis der Sirup etwas eingekocht ist. Limettensaft, Likör und Brombeeren hinzufügen und alles 5 Minuten leicht köcheln lassen, bis der Sirup die Farbe der Beeren angenommen hat; etwas abkühlen lassen.

Die Küchlein auf Portionsteller stürzen, Beeren und Sirup darübergeben. Heiß mit Crème double servieren.

Schokoladenküchlein

Für 8 Stück

150g weiche **Butter**

175g **Zucker**

100g **Bitterschokolade**, geschmolzen und abgekühlt (siehe Tipp Seite 389)

2 **Eier**

150g **Mehl**

1 Messerspitze **Backpulver**

1 TL **Speisenatron**

30g **Kakaopulver**

125ml **Milch**

geschlagene **Sahne**, zum Servieren

Sauce

50g kalte **Butter**, in Stückchen

125g **Bitterschokolade**, gehackt

125g **Sahne**

Mark von 1/2 **Vanilleschote**

Die Schokoladenmasse halb hoch in die **Förmchen** oder die **Tassen** füllen.

Die Sauce bei schwacher Hitze rühren, bis die Butter und die **Schokolade** geschmolzen sind.

Den Backofen auf 180 °C vorheizen. Acht ofenfeste Auflaufförmchen oder Tassen (je 250 ml Inhalt) dünn ausfetten.

Mit den Quirlen des elektrischen Handrührgeräts die Butter mit dem Zucker hell und cremig schlagen. Die geschmolzene Schokolade hinzufügen und gründlich unterarbeiten. Die Eier jeweils einzeln unterrühren.

Mehl, Backpulver, Natron und Kakao in eine Schüssel sieben. Die Mischung behutsam unter die Schokoladenmischung heben. Die Milch hinzufügen und unterziehen. Die Masse halb hoch in die Förmchen bzw. Tassen füllen. Förmchen bzw. Tassen mit gefetteter Alufolie verschließen und in das tiefe Backblech stellen. So viel heißes Wasser in das Blech gießen, dass sie halb hoch darin stehen. Die Schokoladenküchlein 35–40 Minuten backen. Zur Garprobe einen Holzspieß hineinstechen. Ist er nach dem Herausziehen sauber, sind die Küchlein gar.

Die Zutaten für die Sauce in einen Topf geben. Bei schwacher Hitze rühren, bis Butter und Schokolade geschmolzen sind. Die Küchlein mit der Sauce begießen und mit Schlagsahne servieren.

Tipp **Die Schokolade zum Schmelzen in Stücke schneiden und diese in eine hitzebeständige Schüssel geben. Die Schüssel auf einen Topf mit leicht köchelndem Wasser setzen (das Wasser darf die Schüssel nicht berühren) und die Schokolade rühren, bis sie geschmolzen ist.**

Dattelküchlein mit Karamellsauce

Für 6 Stück

200 g entkernte **Datteln**, grob gehackt

1 TL **Speisenatron**

70 g weiche **Butter**

150 g **Zucker**

Mark von 1/2 **Vanilleschote**

2 **Eier**

150 g **Mehl**, mit 1 TL **Backpulver** vermischt und gesiebt

100 g **Walnusskerne**, grob gehackt

Karamellsauce

150 g **brauner Zucker**

60 g **Butter**

250 g **Sahne**

Den Backofen auf 180 °C vorheizen. Sechs ofenfeste Auflaufförmchen oder Tassen (je 250 ml Inhalt) mit zerlassener Butter auspinseln, die Böden mit Backpapier belegen. Datteln, Natron und 250 ml Wasser in einen Topf geben. Alles aufkochen lassen. Vom Herd nehmen und abkühlen lassen (die Mischung schäumt).

Mit dem elektrischen Handrührgerät die Butter mit Zucker und Vanillemark hell und cremig schlagen. 1 Ei unterarbeiten, dann 1 EL Mehl unterheben. Das zweite Ei hinzufügen und den Vorgang wiederholen. Das restliche Mehl, die Nüsse und die Dattelmischung gründlich unterrühren. Die Masse auf die Förmchen bzw. Tassen verteilen.

Förmchen bzw. Tassen in das tiefe Backblech stellen. So viel heißes Wasser in das Blech gießen, dass sie halb hoch darin stehen. Das Blech mit Alufolie verschließen und die Küchlein 35–40 Minuten backen, bis sie aufgegangen und fest sind.

Die Zutaten für die Sauce in einem Topf verrühren. Bei schwacher Hitze 5 Minuten köcheln lassen, bis der Zucker sich aufgelöst hat.

Mit einem Messer am Rand der Förmchen entlangfahren. Die Küchlein auf Teller stürzen und das Backpapier abziehen. Mit Sauce begießen und sofort servieren.

Brombeerküchlein mit Eiercreme

Für 8 Stück

125 g weiche **Butter**

125 g **Zucker**

2 **Eier**, mit Raumtemperatur

125 g **Mehl**, mit 1 TL **Backpulver** vermischt und gesiebt

2 EL **Milch**

250 g **Brombeeren**

Eiercreme

325 ml **Milch**

4 **Eigelb**, mit Raumtemperatur

80 g **Zucker**

Den Backofen auf 180 °C vorheizen. Vier Auflaufförmchen (je 125 ml Inhalt) fetten.

Mit den Quirlen des elektrischen Handrührgeräts die Butter mit dem Zucker hell und schaumig schlagen. Die Eier einzeln unterarbeiten. Das Mehl behutsam unterheben und so viel Milch dazugeben, bis ein dickflüssiger Teig entstanden ist.

Die Brombeeren auf die Förmchen verteilen. So viel Teig daraufgeben, dass die Förmchen drei Viertel hoch gefüllt sind. Die Förmchen fest mit Alufolie verschließen und in das tiefe Backblech stellen. So viel heißes Wasser in das Blech gießen, bis die Förmchen halb hoch darin stehen. Die Küchlein 30–35 Minuten backen, bis sie sich elastisch anfühlen.

Inzwischen für die Sauce die Milch bis kurz unter den Siedepunkt erhitzen; beiseitestellen. Mit dem Handrührgerät die Eigelbe mit dem Zucker hell und cremig schlagen. Nach und nach die heiße Milch darunterschlagen. Die Mischung in einen Topf gießen und bei schwacher Hitze unter ständigem Rühren 5–7 Minuten köcheln lassen, bis sie einen Löffelrücken überzieht. Vom Herd nehmen.

Die Küchlein auf Teller stürzen und servieren. Die Eiercreme dazu reichen.

Register

DORLING KINDERSLEY
London, New York, Melbourne, München und Delhi

Für die deutsche Ausgabe
Programmleitung Monika Schlitzer
Projektbetreuung Elke Homburg
Herstellungsleitung Dorothee Whittaker
Covergestaltung Gerd Wiechcinski

Bibliografische Information Der Deutschen Bibliothek
Die Deutsche Bibliothek verzeichnet diese Publikation in der Deutschen Nationalbibliografie; detaillierte bibliografische Daten sind im Internet über http://dnb.ddb.de abrufbar.

Titel der englischen Originalausgabe: STEAM IT!

Verlagsleitung Juliet Rogers
Verleger Kay Scarlett

Konzept und Leitung Grafik Vivien Valk
Grafik Susanne Geppert
Cheflektorat Diana Hill
Projektbetreuung Janine Flew
Fotos Ian Hofstetter
Food Requisite Joanne Kelly
Food Stylist Jane Collins
Lektorat Rachel Carter
Lektorat Rezepte Wendy Quisumbing
Rezepte Wendy Berecry, Grace Campbell, Michelle Earl, Jo Glynn,
Katy Holder, Lee Husband, Georgina Leonard, Julie Ray, Mandy Sinclair
Herstellung Adele Troeger

Der Originaltitel erschien 2006 bei Murdoch Books, Australien (Millers Point) und Großbritannien (London)

Für Redaktionsbüro Klaeger
Übersetzung Regine Brams
Redaktion und Satz Cornelia Klaeger

ISBN 978-3-8310-1390-6

Printed in Hong Kong by Sing Cheong Printing Co. Ltd

Besuchen Sie uns im Internet
www.dk.com